AF607210

EL OJO DEL GRILLO

ANA BLANDIANA

EL OJO DEL GRILLO

Traducción de Viorica Patea y Natalia Carbajosa

VISOR LIBROS

VOLUMEN MCCXXV DE LA COLECCIÓN VISOR DE POESÍA

2ª edición, mayo 2024

Título original: *Ochiul de greier*, 1981

Cubierta: Shibata Zeshin

Edición al cuidado de Nicole Brezin

Isaac Peral, 18 - 28015 Madrid
www.visor-libros.com

ISBN: 978-84-9895-575-0
Depósito Legal: M-6911-2024

Impreso en España - Printed in Spain
Gráficas Muriel. C/ Investigación, n.º 9. P. I. Los Olivos - 28906 Getafe (Madrid)

LA SOMBRA DE LAS PALABRAS: UNA MIRADA A TRAVÉS DE *EL OJO DEL GRILLO*

Después del terremoto de 1977, cuando el edificio en que vivía se derrumbó en el centro de Bucarest dejando a su marido sepultado bajo los escombros varios días, Blandiana se trasladó a Comana, una pequeña aldea perdida en la llanura danubiana, a una típica casa campesina construida en adobe con una huerta llena de árboles. Había vivido siempre en un entorno urbano, por lo que ahora, a los treinta y cinco años, descubría que «todo lo natural es un milagro». La vida en el campo supuso un distanciamiento de la convulsa situación social metropolitana. El espectáculo de la naturaleza en constante regeneración la llevó a la conclusión de que «la naturaleza no es solo una de las formas de belleza absoluta, sino el modo de entender el vínculo entre la vida y la muerte, entre las generaciones» y que «la contemplación de la naturaleza es un intento de comprender el milagro, el misterio que la engendra y que le da sentido». Cultivar el jardín le confirió «el sentimiento de que no estoy nunca sola, y este reconocimiento del milagro natural es para mí la definición de Dios»[1].

[1] Serenela Ghițeanu. *Cartea cu delfini. Convorbiri cu Ana Blandiana*, Bucarest: Humanitas, 2021, pp. 93-94.

Los pronunciamientos ascéticos, la aspiración a la pureza, la búsqueda de «los tonos claros»[2], acompañada por una severa censura interior y el rigor puritano de la ética de sus primeros libros de poemas, *Primera persona del plural* (1964) y *El talón vulnerable* (1966), dan paso así a una lírica que exalta la sensualidad e intimidad de la materia en un universo soñoliento. *El ojo del grillo* (1981) retoma los motivos oníricos ya presentes en *El sueño dentro del sueño* (1977), así como la soledad del ser, el paso del tiempo y la luz crepuscular, en una renovada reflexión visionaria acerca de la existencia. Su nota definitoria es la búsqueda del candor y de la comunión con la naturaleza. Todo se sucede en una ensoñación que aspira a la integración en los ritmos universales bajo la sombra de la muerte.

La naturaleza, la nostalgia de la reintegración en lo elemental y la poesía son los grandes temas de *El ojo del grillo*. El libro ofrece una mirada al mundo desde el ojo de un grillo, el animal más pequeño e insignificante, cantor del verano y símbolo del poeta. Blandiana, al igual que Emily Dickinson, elige los elementos sencillos y comunes para explorar las profundidades de la existencia. De todas las riquezas del mundo, escoge una «gota de rocío, / En incierto equilibrio sobre una hoja / En la que cabe el sol entero» que antepone a «mares embravecidos» («En lugar de»). En sus viñetas visionarias se asombra ante el «cáliz

---

[2] Ana Blandiana. «Intolerancia», *Primera persona del plural / El talón vulnerable*, trad. de Viorica Patea y Natalia Carbajosa, Madrid: Visor, 2021, p. 57.

minúsculo de la flor» que «resuena como el gemido de una catedral» y propicia la pregunta «Por quién doblan / Las campanas de las flores» («Al alba»). Por otra parte, el nido de una golondrina es una representación fiel del paraíso: «Por dentro, / Inmaculado, brillante, / Forrado de plumas, / Como un ángel; / Por fuera, / Barro grumoso, / Un perfecto camuflaje / Que nosotros llamamos / Con tanta precaución / Muerte» («Camuflaje»). El yo siente el impulso de retraerse en espacios seguros, pequeños, «Dentro de una nuez», penetrar la cálida intimidad de la tierra cubierta de «capas de hojas / Y la sombra de las bandadas de aves» que la protegen de la soledad:

> Dentro de una nuez hay cuatro estancias y hace calor,
> En su verde oscuridad el hueso desprende un olor dulce;
> Desde fuera solo penetra la mirada de un grillo...
> Dentro de una nuez me gustaría otoñar...
>
> («Dentro de una nuez»)

En sus versos lo concreto e inmediato encierra el doble plano fenoménico y espiritual de la existencia. El misterio habita «En el valle / Entre el sufrimiento y la muerte» («La soledad»). Lo sagrado está contenido en lo terrenal. Así, el cuerpo / No es más que la armadura / Que un arcángel eligió / Para pasar por el mundo» («Armadura»).

Estos poemas, de factura visionaria y romántica, intentan descifrar las esencias impalpables del universo. El sentimiento es de asombro: el paisaje, las hojas, las plantas, los frutos que caen, los astros, el almiar adquieren una dimensión fantástica, iluminados por el misterio. Parecería un mundo maravilloso descrito a veces con humor e ironía en forma de juegos o acertijos para niños, si no fuera porque el yo se ve embargado en medio de este espectáculo de júbilo de lo vegetal por una angustia metafísica y por el presentimiento de la muerte. Lo natural contiene la dialéctica del devenir, una dialéctica con fuertes acentos metafísicos marcada por la obsesión por la vida y la muerte.

El motivo fundamental sigue siendo el sueño como sucedáneo de la muerte, principio cósmico y metáfora de la imaginación. El primer poema, «En el sueño», advierte que «Los grillos cantan solo en el sueño, / De día los grillos son solo insectos». Así también los poetas lo son solo en el sueño, de día son simples insectos bajo el imperio «De la seca y vana verdad». «Atados a sus propias cuerdas» vocales, los grillos hacen música y poesía de su ser y de su destino. Cantan durante la noche, en el sueño, alejados de la realidad, y llenan la soledad del mundo con su canción. Su canto es una «ofrenda de gráciles príncipes / A la luna y a su soledad». Los sueños o «aquello que nunca llegarán a vivir» son los poemas que los libran de sus pesadillas, que los ayudan a superar el vacío existencial. Sustancia del sueño, la poesía confiere significado a la vida y transforma el destino en música y verso. Para que el mundo recupere su asombro, los poetas, al igual que los grillos, deben abandonar el espacio diurno. En el sueño, dejan de ser una persona común y «muere» su yo ordinario. Asimismo, los poetas renuncian al régimen de la imaginación diurna, penetran la noche, el sueño que une la diversidad y multiplicidad de las formas.

El ojo del grillo es un libro acerca de la naturaleza y la poesía. Los poemas desvelan definiciones de la identidad del ser, del sueño y del tiempo, del poeta y de la creación poética. Los paisajes, dibujos al pastel, tienen la simplicidad de las estampas japonesas que vibran con la obsesión de la vida y de la muerte, dos estados indisolubles de un universo cuya esencia permanece impalpable y cuya apariencia esconde un significado que el ser intenta descifrar en vano en la ineluctable dialéctica de los contrarios[3]. Blandiana entona un «Himno» al árbol, «Pilar frágil que sostiene el cielo con la frente, / Tan imperioso como el bien y el mal» que desvela el «Sentido invertido del mundo visible». En la huerta «Una, dos, tres ciruelas caen» y sus «huesos se hunden uno a uno / En la tierra, cada vez más hondo, / Para ganar, con mayor dolor, / La vida futura» («Una, dos, tres»). Protagonistas de numerosos poemas, las ciruelas, transformadas en alcohol, podridas y enterradas, auguran la vida en constante regeneración: «Su vida del más allá es la primavera». En otoño, con «el estallido sordo de las ciruelas azuladas», «Vida y muerte se entrelazan» («En el estallido sordo»). Allí, el yo tiene la revelación de su identidad consustancial a la naturaleza y descubre su pertenencia al todo cósmico. Las estrellas extraen del yo «El inexplicable sustento» de sus «finos y absorbentes rayos», «Como si la luz misma / Fuera solo una planta que crece / Y las estrellas tuvieran raíces» («Como si»).

---

[3] Iulian Boldea. *Ana Blandiana. Monografie, antologie comentată, receptare critică,* Brașov: Editura Aula, 2000, p. 31.

Blandiana emprende la búsqueda por la sombra de las palabras. En este contexto, la «Semántica» consiste en «Descifrar el idioma de los grillos». La soledad es «una ciudad feliz» en la que «todos los demás han muerto», mientras que las palabras son unos niños «Del orfelinato» que el poeta debe adoptar («La fila»). La creación poética y la escritura se comparan constantemente con los procesos de la naturaleza. Como poeta, Blandiana teje una «Telaraña» a su alrededor «Para prender signos y palabras» hasta que ella misma se transforma en una palabra «cuyo significado no pued[e] recordar». Las «Palabras» son «Redondas superficies sonoras, / Con bordes serrados de sentido» a través de las cuales su «pensamiento respira / Como el árbol (...) / Que habla a través de las hojas y nace entre las flores» consciente «de la mudez / Del destino siempre fugaz». El yo se pregunta si, en comparación con la naturaleza, su escritura no carece de importancia, ya que «si lo que yo digo son palabras, / ¿No es en vano no morir?». En comparación con los melocotoneros, la vid, las uvas, la poeta sabe «hacer muy pocas cosas», pero lo que sabe hacer «Con singular destreza» es «morir». Avanza «un paso más» hasta que solo queda de ella «Una voz, / Colocada suntuosamente / En el ataúd del libro», es decir, la voz de la poesía que los lectores siguen leyendo después de su muerte y a través de la cual vuelve a la vida igual que las plantas: «Y sé, sobre todo, resucitar, / Pero eso es, claro está, / Mucho más fácil» («Un paso más»).

La persona poética vive bajo la imperiosa necesidad de pasar de una condición a otra. Oscila entre distintos reinos y espacios imaginarios: «Soy / Como una semilla enterrada / Que no quiere llegar a ser / Ni planta ni tierra» («Metamorfosis»). El sueño disuelve la realidad en la ensoñación y hace posible el paso del mundo real a su proyección ideal. Blandiana muestra predilección por este espacio liminal, frontera entre dos realidades, la vida y la muerte, el ser y el no ser:

> De un extremo al otro del sueño
> Me siento acorralada
> Ante las inciertas y mal engarzadas
> Travesías entre vidas…
>
> («Travesías»)

La eternidad es «Una especie de cáncer del tiempo» («Vuelo»). Este último se percibe solo en los puntos extremos, «no es nunca el centro, / Sino solo comienzo y fin», el intervalo es un mar sin horas, eternidad: «La muerte es también duración, / Mientras el río, que no nació del reloj, / Yace en sí mismo / Como un mar» («Mira»). Los ángeles habitan el universo de este libro en el que cielo y tierra, materia y espíritu descansan en una correspondencia y unidad indestructibles. El juicio final, «la entrada en el más allá», depende no de los hechos en la vida, sino, «contra todo pronóstico», de lo que se ha soñado («Aplazamiento»).

El ojo del grillo retoma la imaginación mítica característica de las culturas arcaicas. Blandiana interroga al cosmos con la ingenuidad de un niño que cultiva el asombro como fuente de creación artística y se entrega a ensoñaciones filosóficas: «¿Y si el sol y la luna / Son uno y el mismo astro, / Que el miedo a la oscuridad / Disfraza de otro modo?» («De otro modo»). Atraída por la nostalgia de lo no creado, Blandiana se abandona a ensoñaciones de la naturaleza con las que explora el espectro filosófico-existencial en busca de los prototipos que puedan restaurar la edad de la inocencia. En este sentido, continúa la poética del misterio de la existencia de Lucian Blaga, quien afirmaba en *Los poemas de la luz* (1919):

> Yo no destruyo la corola de milagros del mundo
> y no mato
> con la mente los misterios que encuentro
> en mi camino
> en las flores, en los ojos, en los labios o en las tumbas.
> La luz de otros
> ahoga la magia de honduras insondables
> en las profundidades de la oscuridad,
> mas yo,
> con mi luz, agrando el misterio del mundo…
> y así como con sus rayos blancos la luna
> no disminuye, sino que trémula
> extiende aún más el secreto de la noche,
> yo enriquezco el oscuro horizonte
> con profundos latidos de sagrado misterio
> y todo lo incomprensible
> se transforma en enigmas aún más grandes
> ante mi mirada
> pues yo amo
> las flores y los ojos, los labios y las tumbas[4].

---

[4] Traducción de Viorica Patea y Natalia Carbajosa.

Por su parte, Blandiana cultiva la poética del asombro y de la inmanencia del milagro, y corrobora la prohibición de violar el misterio del mundo. Al igual que los románticos, el pensamiento de Blandiana es mítico-religioso y deudor del idealismo platónico cuando afirma que toda la naturaleza es un «Milagro que crepita bajo mis pasos, / Apenas vestido con la forma frágil / De las ramas húmedas». Todo lo que es naturaleza es milagro: las ramas, la lluvia, el abeto, el ojo del topo, el árbol, las frutas y las raíces. El milagro fluye, «Avanza sobre las piedras, (...) / Duerme en las bayas / Y las hace madurar en el sueño», transforma los árboles en velas, abarca las «Mariposas y abejas», incluye «El bien y el mal». Lo único ajeno al milagro es la lógica, la obstinación del yo de analizar y pretender dominar y explicar todo, de «profanar[lo]», mediante el conocimiento analítico («Milagro»). Blandiana coincide con los románticos ingleses como William Wordsworth, quien en *Baladas líricas* (1798) reza: «Dulce es el saber de la Naturaleza; / nuestro entrometido intelecto / desfigura las formas bellas de las cosas; / asesinamos para disecar». El poeta inglés aconseja: «Acércate a la luz de las cosas, / deja que tu maestra sea la Naturaleza. // (...) Un impulso de un bosque vernal / puede instruirte más acerca del hombre, / de la maldad y de la bondad moral, / que todos los sabios del mundo»[5]. La epistemología romántica, siguiendo el idealismo

[5] William Wordsworth. «Se volvieron las tornas», *Antología poética*, ed. bilingüe de Antonio Ballesteros González, Madrid: Cátedra, 2021, pp. 280-283.

filosófico de Kant, considera que el conocimiento intuitivo mítico-religioso es superior al conocimiento racional y empírico, ya que el primero opera con categorías trascendentales que pueden conducir a través de la imaginación a la realidad absoluta, mientras que el segundo abarca solo el orden del mundo sensible y es por tanto un conocimiento inferior, que sirve solo para clasificar el mundo fenoménico. Blandiana suscribe la naturaleza intuitiva y visionaria del conocimiento y aboga por una poética de lo milagroso, la cual anticipa un conocimiento que no analiza el significado, sino que lo somete a una sugestión potenciada. El intento de clasificar y categorizar la existencia mediante el pensamiento deductivo lógico-racional «profana» el misterio del mundo.

Para Blandiana, conocer es una forma de reconocimiento platónico, una forma de recordar algo que ya existe: «Lo importante en poesía no es aquello que no haya oído antes, sino lo que sabía casi de otra vida. La poesía no tiene que dar la sensación de conocimiento, sino de reconocimiento»[6]. Blandiana define el conocimiento poético como el descubrimiento de lo que late escondido en la esencia del ser. *El ojo del grillo* da voz a estos recuerdos de un pasado anterior a la existencia, en una nueva cosmogonía poética que reproduce una insólita variante del mito del andrógino y de la pérdida de la unidad primordial. La memoria de este pasado fabuloso y mítico es evocada en

---

[6] Ana Blandiana. *Un arcángel manchado de hollín*, trad. de Viorica Patea y Natalia Carbajosa, Barcelona: Galaxia Gutenberg, 2021, p. 448.

«El huevo», un poema que recuerda los versos de «El huevo dogmático» (1925) de Ion Barbu, poeta insigne de la vanguardia rumana de entreguerras. Blandiana actualiza una formulación lírica de la creación que descansa en el motivo del andrógino y en el amor como forma de rehacer la unidad original perdida:

> ¿Recuerdas cómo flotábamos,
> Amor sin añoranza de nadie,
> Y cómo la fuente muda y feliz
> Se reflejaba a sí misma?
> No se había inventado el dolor aún,
> La soledad era plena,
> La palabra no había nacido.
>
> («El huevo»)

Blandiana inventa una mitología lírica propia, casi una versión ecfrástica de las famosas esculturas ovoidales de Brâncuși: «El recién nacido», «La musa dormida» o «El comienzo del mundo». El huevo es otra metáfora del juego de la vida y la muerte, el principio y el fin. Flota en un mar de luz, de su división nacen el cielo y la tierra, e inaugura un tiempo de soledad que corresponde al proceso de individuación. Evoca la unidad de los comienzos previa a la creación del mundo, cuando «La palabra no había nacido» y existía un estado de amor pleno «sin añoranza de nadie». La «separación / De las células de sí mismas, / Y el terror de la sangre que quería / Correr por un solo cuerpo» corresponden a la convulsa división del cielo y de la tierra, cuando se abre la herida que los árboles intentan impedir, prendiéndose de lo alto del cielo, en un empeño desesperado por mantener la unidad del mundo:

> La tierra se extendía entre los árboles
> Y el cielo se aferraba a las ramas
> Para que no se viera, desnuda, la herida...
>
> («El huevo»)

De esta separación nace el sentimiento de enajenación, el miedo existencial y la incertidumbre: «El filo lo atravesó por la mitad, / Reinventándonos uno a uno». Los fragmentos se multiplican a su vez hasta el infinito, creando un mundo lleno de espejismos, heteróclito, promiscuo, amenazador, desconcertante. La angustia proviene de la conciencia de la escisión de la existencia, del desdoblamiento del ser. La persona poética alberga la esperanza de que al final del mundo «tal vez nazca / Un huevo perfecto flotando sobre las aguas / En la serenidad del comienzo». Se pregunta «¿Quién ha errado y hasta cuándo este error?», asume la culpa e intenta corregir esta falta trágica que sella para siempre la existencia con la herida. Lo hará a través del sueño y del regreso al seno de la naturaleza con la voluntad de recobrar el equilibrio inicial; la reconciliación con los elementos en un proceso que la lleva a experimentar nuevas formas de vida, muerte y regeneración.

El drama del yo separado de su esencia conduce a una fuerte nostalgia de los orígenes, la cual se traduce en oscuras reminiscencias de otra existencia y acerca a Blandiana al mito platónico del alma expuesto en *Fedón*, *Menón* y *Fedro*. William Wordsworth, en su famosa «Oda: Indicios de inmortalidad» (1807), habla sobre la preexistencia del alma, el posterior olvido del niño de su origen inmortal a medida que avanza en el camino de la vida, y de las oscuras reminiscencias que el adulto tiene de este estado inicial, intuiciones que le hacen albergar la esperanza de fomentar la empatía para con los demás. Blandiana enfoca este mito desde otro ángulo. No le interesa el descenso de las almas a la tierra, ni los recuerdos de la preexistencia, sino que se preocupa por el camino hacia el no ser, hacia la muerte, trayecto para el que sigue sin estar preparada. Piensa que «Un día alguien vendrá / Desde la muerte» para explicarle «Qué significa más lejos» a fin de iniciarla en este viaje, para no encontrarse otra vez desprevenida y desorientada como cuando vino al mundo:

Un día, seguro, me enseñarán
Cómo comportarme donde
Las palabras señalan el norte.
Con el tiempo he de entender
Qué responder si me llaman
Y qué hacer cuando me muera,
Porque no es posible
Que me obliguen
A empezar de nuevo
Sin estar preparada.

(«Un día»)

Blandiana rehúsa lo abstracto, la idea; rechaza el vacío y prefiere lo orgánico, puesto que el contacto con lo telúrico tiene un efecto regenerador. Sus guías serán las hojas, las plantas, los árboles, la naturaleza. «Estoy cansada de nacer de la Idea, / Estoy cansada de no morir», confiesa, en un intento de reencontrar las raíces biológicas del ser («Estoy cansada»). Su modo de vida sigue el «modelo vegetal»[7]. Elige nacer de una hoja para así integrarse en su constante ciclo de muerte y regeneración. La hoja es la idea encarnada en la materia[8]:

> Su savia fresca penetrará en mí
> Y su nervadura formará mis frágiles huesos;
> De ella aprenderé a temblar, a crecer,
> Y de tanto dolor llegaré a brillar;
> Luego me desprenderé de la rama
> Como una palabra de los labios,
> Del mismo modo infantil
> En que
> Muere
> La hoja.
>
> («Estoy cansada»)

Al igual que la idea es una abstracción, la eternidad, siempre igual a sí misma, resulta también cansina e inhóspita, motivo por el cual el yo lírico va en busca de lo orgánico, a fin de protegerse del frío existencial. Así pues, «Mi cuerpo joven, / Caliente, sedoso, / Con el que me cubro / Castañeteando los dientes como un niño» es la

---

[7] Valeriu Cristea. «Cu viziera zâmbetului», *Modestie și orgoliu*, Bucarest: Editura Eminescu, 1984, pp. 58-61.

[8] Dumitru Micu. «Blandiana, poeta, după '89 (I)», *Nord Literar*, n.º 2 (93), febrero de 2011, p. 1.

«Vestimenta» que la deja «Un día más (...) / Al abrigo de la eternidad». En «Tengo tanto frío» se escucha el terror de un grito existencial ante el frío de la «soledad angelical».

El yo aprende a morir de las plantas. El «modelo vegetal» se traduce en expiación y renacimiento de un lirismo con inflexiones eutanásicas[9]. La persona poética percibe la muerte como un componente inseparable de la vida, agente de todas las transformaciones orgánicas. La extinción es una experiencia feliz, exultante, una caída interminable que, al no tener fin, se transforma en «Vuelo». El sueño es un sucedáneo de la muerte, dulce fusión en el gran todo, un hundimiento en los elementos, la entrada en el paraíso absoluto. Blandiana practica un bucolismo espiritualizado. El paisaje concreto adquiere valencias metafísicas, el detalle banal de la caída de las ciruelas se transforma en símbolo de los ritmos universales con sus paradojas y aporías enigmáticas.

Bajo la forma de un juego infantil, el mundo vegetal con sus eternos ciclos señala el camino de la regeneración. La línea divisoria entre la vida y la muerte desaparece, ambas coexisten en una armonía primordial en la que la muerte misma es exorcizada. La muerte en la naturaleza, «En el estallido sordo de las ciruelas azuladas», confiere a este asunto una visión paradisíaca y dramática, ya que supone un regreso a las latencias que aseguran el eterno retorno. De este modo, el mundo natural permite la repetición de la vida, y la muerte se transforma en un perpetuo

---

[9] Dumitru Micu. «Lirism eutanasic», *Limbaje moderne în poezia românească azi*, Bucarest: Editura Minerva, 1986, pp. 253-269.

renacer, por lo que la persona poética desea acoplar su destino al ciclo de vida y muerte de las ciruelas caídas:

Dolor y placer igualmente culpables:
Dulzura al pudrirse y plenitud al consumarse,
En el estallido sordo de las ciruelas azuladas
Vida y muerte se desafían,

Triunfadoras a la vez, por siempre encadenadas
En la lucha y el amor, crueles y rebosantes
De una misma canción sin escapatoria
En el estallido sordo de las ciruelas azuladas.

(«En el estallido sordo»)

A su vez, la traslación a la muerte es una forma de restaurar la armonía primordial y el círculo genésico. Seducido por el canto del grillo, el yo lírico siente una poderosa atracción hacia el mundo del más allá, anhela abandonarse a sí mismo para integrarse en esta plenitud ajena a la limitada condición humana. La tenue línea entre realidad y ensoñación desaparece, e incluso la vida y la muerte coexisten en la dialéctica de un paisaje cuyo júbilo vitalista es perturbado por la certeza de un final inminente. La reflexión sobre el mundo y sus significados se transforma en una vivencia lírica engrandecida por la intensidad de las paradojas de la vida universal:

Noche en el almiar,
Ciruelas y estrellas en las ramas.
Así podría quedarme
Vidas y muertes enteras,

En el tierno silencio
Lentamente trenzado
En mi mente por un grillo
De la luna exiliado;

Llena de gratitud
Me quedaría a escucharlo
Entre perfumes amargos
Hace tiempo olvidados…

(«Noche en el almiar»)

En el poema «Barca», Blandiana ofrece una versión acuática del famoso poema de Robert Frost «Parada en el bosque en una noche de nieve» (1922), en el que un caminante fascinado por la oscuridad y profundidad del bosque experimenta, en la noche más larga y oscura del año, un deseo casi suicida de quedarse allí para siempre y olvidar sus obligaciones para con la vida. Con más luz, la persona poética de Blandiana siente el mismo deseo de morir, de sustraerse de la realidad, de renunciar a todas las obligaciones humanas; la naturaleza la seduce, la incita al abandono de sí misma:

Me trenzaré una barca de hierbas y flores
Para flotar en el río como un islote de juncos,
Equidistante de las riberas,
Ajena a los peces.
Que me rediman los astros por la noche y al alba
Me rodeen los ojos dorados y hostiles del agua.
(…)
Tarde, mecida por mi barca de hierbas,

Que perfumes salados y verdes me cubran.
Enmarañada entre algas y serpientes
Anocheceré en el vacío del mar
Para dejar de recordar.

(«Barca»)

Para Blandiana, la muerte es luminosa, serena, e incluso se dirige a ella como «Madre Muerte». La vida bajo tierra es un universo fascinante que ofrece un momento de iluminación: «¡Cuán desmedidos / Son aquí los segundos, / Entre ubres y hormigas, / Entre calabazas y abejas!» («Iluminación»). El yo procede de la tierra y los «Dioses diminutos / Esparcidos por la tierra y el rocío», «los dioses de las semillas», la reconocen y «miran con asombro» («Hay mañanas»).

El imaginario de Blandiana descansa en una serie de correspondencias e identidades entre lo material y lo espiritual que articulan la unidad fundamental del mundo. En «Juego», la lluvia observada desde la tierra «pespuntea / El cielo a la tierra / Con hilo de seda», mientras que la hierba «cose / La tierra a las nubes», pero desde una perspectiva inversa, desde el cielo, la hierba y la lluvia intercambian sus posiciones, lo terrenal se convierte en celestial y viceversa. Las categorías se invierten, la lluvia parece pertenecer a la tierra y la hierba al cielo, «Parece lluvia la hierba / Que, verde, se abalanza / Sobre el cielo y lo riega // Y tal vez la lluvia / En la nubosa vereda / Sea una hierba oscura / Bajo tus suelas». Lo natural y lo celestial permutan sus posiciones, revelan tener la misma esencia, se identifican hasta llegar a ser inconfundibles:

Y si alguien pregunta,
¿Cuál es la verdad?
¿En las nubes es hierba la lluvia,
En los cielos llueve la hierba?

Y si nos tienta
Saber la verdad:
La lluvia en las nubes crece,
La hierba pone el cielo a lavar.

(«Juego»)

Blandiana recuerda el poema de William Blake «Augurios de inocencia» que expresa el propósito de la imaginación visionaria: «Ver un mundo en un grano de arena / Y un cielo en una flor silvestre, / Guardar el infinito en la palma de la mano / Y la eternidad en una hora»[10].

«Reflejo» es otro poema que plasma la misma correspondencia y unidad entre lo alto y lo profundo, el cielo y la tierra, lo visible y lo invisible, el agua y el aire:

El cielo es un océano
A veces turbio,
Otras veces claro,
Pero nunca tan transparente
Como para que los seres
Que viven en sus playas,
En lo alto,
Puedan vernos
Atrapados en el limo de las profundidades…

(«Reflejo»)

---

[10] Traducción de Natalia Carbajosa.

Un gran número de los poemas de *El ojo del grillo* discurren acerca de la poesía, la creación poética y la condición del poeta. La poesía auténtica nace del asombro ante el mundo y se encamina a restituir la unidad original perdida. Como tantos otros poetas, Blandiana mantiene que la creación poética no depende de la voluntad del poeta: «La canción no es mía, / Solo me atraviesa a veces, / Indescifrable y desenfrenada». Se trata de una larga espera de «La buena voluntad de un momento fortuito» sobre la que los poetas no detentan control alguno: «No sé cuándo llega, / Ni cuándo se va, / Ni dónde está el tiempo / Que no está conmigo» («Habitada por una canción»). Por otra parte, la poesía es el testimonio directo de la visitación de los ángeles: los versos son «las huellas» que «sus plumas [dejan] en las páginas». «Apedreados / (...) heridos / Y extenuados», los ángeles piden «hospedaje» a los poetas y «Se duermen, humildes y frágiles, entre [sus] cuadernos» mientras que el mundo pragmático, ajeno a la poesía, no los reconoce y los considera «nuevas especies / De aves de presa» («Pruebas»). En otro poema, «Pincel», los poemas brotan de la nieve, lo que en la simbología de Blandiana se traduce como pureza.

De los poetas solo queda su nombre. El *topos* del nombre está vinculado a la búsqueda de la identidad. El nombre es el arquetipo, el poeta solo existe por su nombre y es lo único que queda tras su muerte. La poesía puede ser una cárcel: por un lado, porque la celebridad transforma al poeta en persona pública, enajenada en su vida interior y, por otro, porque la poesía es un destino que el poeta no puede eludir: «Decidí / Huir de mi voz / Como de una cárcel /

A la que yo misma me he consagrado / Por mis muchos crímenes, / Una cárcel célebre / Convertida en museo, / Con versos por pestillos / Y verjas de rimas; / El público la visita / Y, conmovido por la tortura, / No se asombra / De que ya no yazga nadie allí» («Decisión»). Como realidad lingüística, el nombre resulta una abstracción alienante que desvincula al yo de su ser al mismo tiempo que lo encierra en un molde arbitrario construido por los demás. Ajeno a su esencia vital, el nombre no es más que una fórmula que recluye al yo entre muros. Para encontrar su verdadero nombre, la persona poética desciende en el sueño a la fuente del ser en lo sensorial y lo elemental, y busca su verdadera identidad «entre semillas y hierbas, entre gusanos y abejas»:

Qué ajeno me resulta mi nombre,
No existe otro ser que así se llame.
No entiendo quién me permitió elegirme,
Cómo en él accedí a encerrarme.

Torpe historia: partiré, pasaré
Y quedará en mi lugar una usurpadora,
Esta palabra sin sentido para mí
Que para los otros de mí es deudora.

(«El nombre»)

El universo de las letras conduce a la apoteosis a la vez que a la expiación. En «Epitafio» —un poema dedicado a la memoria de su padre—, el «olor del papel» presagia el destino del creador asimilado a su propia escritura. La figura sobre el papel y la de carne y hueso confrontan y completan sus vocaciones bajo la cúpula del sueño en el marco escritural en el que la existencia es éxtasis y suplicio a la vez:

Duerme aquí,
Soñando en paz
—Apoteosis
De no sé cuántos Jobs—,
Atravesando cárceles
Y llamas suaves
Hacia un paraíso
De caña de azúcar.

(«Epitafio»)

Para Blandiana, la poesía es un destino ineludible que exige una entrega total para siempre. El poeta está condenado a expresar lo inexpresable y su único medio es la palabra, siempre alterada, limitada, imprecisa o gastada, lo que le impide expresar tanto la realidad visible como «la sombra de las palabras», es decir, su nimbo y significado, motivo por el cual el logos debe mantener su autenticidad. Blandiana define su poética como una caza: «Nunca he corrido tras las palabras, / Todo lo que he buscado / Han sido sus sombras / Largas y plateadas, / Arrastradas por el sol sobre la hierba, / Impulsadas por la luna sobre el mar» («Caza»). En alusión al libro de Adelbert von Chamisso *La maravillosa historia de Peter Schlemihl* (1813), cuyo protagonista pierde la sombra como consecuencia de su pacto con el diablo, Blandiana explica que

«Nada es más valioso / Que su sombra. / Y las palabras que han vendido su alma / Carecen sombra». Por otra parte, en poemas como «Tipití-tipitá» o «Una, dos, tres», las semillas y los huesos contienen el misterio de la vida después de la muerte. La sombra es el aura, la huella del milagro en lo concreto, y evoca el poder de sugestión de la palabra poética. Blandiana no busca la palabra en sí, sino su dimensión axiológica, su reflejo metafísico. Busca el poder de la palabra de conmover y evocar lo inefable. En otro poema, «La sombra» es la «charca de oscuridad / Que corre por nuestras venas abiertas» que desmaterializa lo real, la sangre, el alma, la esencia del ser, su pasado. Al igual que el doble, es una forma de suicidio nacida del «deseo de avanzar». Pierden su sombra tanto el indiferente que, igual que Orfeo, no vuelve la cabeza, como el temeroso que huye de sí mismo y el que «no admite su meta» («La sombra»).

Blandiana atribuye a la poesía un significado místico. Confiesa en su poética que «la poesía me ha conferido la sensación de la presencia del otro en el mundo que nos rodea, ese otro que solamente en los momentos de gran cansancio llamaría nadie»[11]. La visión artística se confunde con la visión religiosa:

> Desde allí, desde la hoja,
> Alguien me mira

[11] Ana Blandiana. «La poesía entre el silencio y el pecado», *Mi patria A4*, trad. de Viorica Patea y Antonio Colinas, Valencia: Pre-textos, 2014, p. 185.

Con paciencia escindida entre veranos y otoños,
En silencio,
Asombrándose solo
De mis ojos cerrados frente a él.

(«Desde allí»)

A su vez, para Blandiana el poeta es un místico que, al igual que san Juan de la Cruz en *Subida del Monte Carmelo*, aboga por la necesidad de desprenderse de las cosas de este mundo. Su trayectoria existencial constituye una continua renuncia, una constante pérdida en la que abandona incluso las palabras:

Recuerdos, deseos, pasiones,
Amores y, al final,
Cuando ya no queda nada
Que tirar,
Ni un abrigo, por muy ligero que sea,
Desvisto mi piel arrugada
Y la carne entumecida de mis huesos.
Este es el gran *striptease*
Que hago
Casi por voluntad propia.

(«En la caída»)

La poesía de Blandiana articula la religión del amor y de la pureza. Sus poemas no cultivan el juego gratuito de las formas, sino que penetran en el misterio inmanente del mundo con el anhelo de lo absoluto. Su estética busca el sentido de la existencia con un hermetismo de profundidad filosófica: «La poesía no es forma, sino sacrificio de la forma hasta que de ella solo queda el significado»[12].

Viorica Patea
Universidad de Salamanca, 2024

[12] Ana Blandiana. *Un arcángel manchado de hollín*, trad. de Viorica Patea y Natalia Carbajosa, Barcelona: Galaxia Gutenberg, 2021, p. 460.

OCHIUL DE GREIER
(1981)

EL OJO DEL GRILLO
(1981)

ÎN SOMN

Greierii cântă numai în somn,
Greierii ziua sunt numai insecte,
Lăsați-i să doarmă și-ascundeți-i, ierburi,
De sinceritățile zilei, suspecte;

De adevărul uscat și zadarnic
Ferească-i al rouăi prea limpede domn
Și tot ce nu reușesc să trăiască
Întâmple-li-se în somn;

Lăsați-i să doarmă legați de coșmare,
Cântând ca din strune din propriile funii,
Subțiri prinți de țipăt jertfiți ascuțit
Singurătăților lunii.

EN EL SUEÑO

Los grillos cantan solo en el sueño,
De día los grillos son solo insectos,
Déjalos dormir y protégelos, hierba,
De los días sospechosamente honestos;

Que el Señor cristalino, dueño del rocío,
De la seca y vana verdad los proteja,
Y que aquello que nunca llegarán a vivir
Al menos en sus sueños acontezca;

Atados a sus propias cuerdas,
Deja que en sus pesadillas canten
Su cricrí, ofrenda de gráciles príncipes
A la luna y a su soledad.

DE-ACOLO

De-acolo din frunză
Un altul se uită la mine
Cu o răbdare-mpărțită în veri și în toamne,
Fără să spună nimic,
Mirându-se doar
De ochii mei închiși înspre el.

O, pe pleoapele mele a dat colț iarba,
Și a fost verde, și s-a uscat
De când nu s-au mai ridicat în afară,
Genele mi s-au înțelenit
Încâlcite, înnodate-ntre ele,
De când ochii mei
Nu mai contenesc să mă vadă
Sub raza cea verde în care mă scaldă
Privirea din frunză
Ca în adâncul unui ocean etern răbdător,
Fără să spună nimic,
Pregătindu-mă doar
Pentru mai aspre și mai lungi învieri.

DESDE ALLÍ

Desde allí, desde la hoja,
Alguien me mira
Con paciencia escindida entre veranos y otoños,
En silencio,
Asombrándose solo
De mis ojos cerrados frente a él.

Oh, sobre mis párpados germinó la hierba,
Era verde y se secó
Desde que no se abren;
Mis pestañas están inertes,
Enmarañadas, enredadas entre sí,
Y mis ojos
Me miran sin descanso
Bajo el rayo verde en el que me baña
La mirada desde la hoja,
Como si desde el fondo de un océano siempre paciente,
Sin decir nada,
Me preparase solo
Para más ásperos y largos renaceres.

CA ȘI CUM

Ca și cum însăși lumina
Ar fi doar o plantă ce crește
Și stelele ar avea rădăcini
Raze subțiri care sug,
Simt cum din mine își trag
Inexplicabila hrană
Toți aștrii urmând bisturiul
Ca stolul de corbi după plug.
Mi-e frică de-atâta lumină,
De prea multe flori îmi e frig,
Mi-e somn de iubirea deplină
Și nu știu pe cine să strig
Să stingă în mine
Cereasca grădină,
Să spargă din calea oceanului beznei
Extaticul dig.

COMO SI

Como si la luz misma
Fuera solo una planta que crece
Y las estrellas tuvieran raíces,
Siento cómo de mí extraen
Los finos y absorbentes rayos
El inexplicable sustento;
Todos los astros siguen al bisturí
Como una manada de cuervos tras el arado.
Toda esta luz me da miedo,
Todas estas flores me dan frío,
El amor pleno me da sueño
Y no sé a quién llamar
Para apagar en mí
El jardín celestial,
Para romper en la tiniebla del océano
El extático dique.

OUL

Ți-aduci aminte cât de bine
Era în oul de pe ape
Unde eram zidiți de-a pururi
Făptură singură, deplină
În care universu-ncape
Și-și este suficientă sieși,
Plutind lumină în lumină?

Ți-aduci aminte cum pluteam?
Iubire fără dor de nimeni
Și, oglindindu-se pe sine,
Izvorul fericit și mut —
Durerea nu se născocise,
Singurătatea era plină,
Cuvântul nu era născut.

Cine-a greșit și până când?
Oul perfect, tăiat în două,
S-a rupt în cer și în pământ
Însingurând deodată-o lume —
Ți-aduci aminte cât de nouă? —
Iar lama străbătu prin mijloc,
Reinventându-ne pe rând.

EL HUEVO

¿Recuerdas qué bien se estaba
Sobre las aguas, dentro del huevo
Donde enclaustrados para siempre
Formábamos un único ser
En el que cabía el universo,
Una criatura autosuficiente,
Luz flotando dentro de la luz?

¿Recuerdas cómo flotábamos,
Amor sin añoranza de nadie,
Y cómo la fuente muda y feliz
Se reflejaba a sí misma?
No se había inventado el dolor aún,
La soledad era plena,
La palabra no había nacido.

¿Quién ha errado y hasta cuándo este error?
El huevo perfecto se partió en dos,
Se quebraron la tierra y el cielo
Y el mundo se quedó solo.
¿Recuerdas lo nuevo que era?
El filo lo atravesó por la mitad,
Reinventándonos uno a uno.

Ți-aduci aminte despărțirea
Celulelor de ele înseși
Și spaima sângelui voind
Să curgă într-un singur trup?
Pământul se-ntindea prin arbori
Și cerul se-nclești în crengi,
Să nu se vadă, goală, rana
Pe locul căreia s-au rupt.

Ți-aduci aminte ce risipă
De sentimente și de vorbe,
De animale și de plante
Curgând spre-același țărm pierdut
Și așteptând sfârșitul lumii
Din care, poate, se va naște
Un ou perfect plutind pe ape
În liniștea dintru-nceput.

¿Recuerdas la separación
De las células de sí mismas,
Y el terror de la sangre que quería
Correr por un solo cuerpo?
La tierra se extendía entre los árboles
Y el cielo se aferraba a las ramas
Para que no se viera, desnuda, la herida,
En el lugar donde se quebraron.

¿Recuerdas qué desperdicio
De sentimientos y palabras,
De animales y plantas
Fluyendo hacia la misma ribera perdida,
Esperando el fin del mundo
Del que tal vez nazca
Un huevo perfecto flotando sobre las aguas
En la serenidad del comienzo?

ȚARA PĂRINȚILOR

Părul îmi ajungea până la pământ
Și treizeci de ani
Mi se părea o răsplată atât de îndepărtată
Încât nu credeam cu putință
Să o ating vreodată,
Plină de cruzime lunecam
Dinspre țara părinților
Spre o lume încă neinventată.

Lumea aceea nu s-a inventat nici acum,
Părul nu mai mi-e atât de lung,
Treizeci de ani e numai merinde pe drum,
Dar în țara părinților ce n-aș da să ajung!

Dar în țara părinților
Se ajunge întotdeauna târziu,
Numai când totu-i pustiu,
Și doar în lumina de lună
Se mai strâng împreună,
Sub tăiații castani,
Umbre de tați condamnați
Și mame de treizeci de ani
Pieptănând
Fete cu plete
Până-n pământ.

EL PAÍS DE LOS PADRES

Mis cabellos llegaban hasta la tierra
Y treinta años
Parecían una recompensa tan lejana
Que no creía que fuera posible
Alcanzarlos alguna vez;
Con crueldad me asomaba
Desde el país de los padres
A un mundo todavía por inventar.

Y aunque aún no se ha inventado aquel mundo,
Mis cabellos ya no son tan largos,
Treinta años son solo viandas para el camino,
¡Y qué no daría por llegar al país de los padres!

Mas al país de los padres
Se llega siempre tarde,
Solo cuando todo está desierto
Y en la luz de la luna
Se juntan,
Bajo los castaños talados,
Sombras de padres condenados
Y madres de treinta años
Que peinan los cabellos
De sus niñas, cabellos que llegan
Hasta la tierra.

IATĂ

Iată, mă spăl într-un râu de secunde
Și mă șterg cu un ștergar de ore curat,
Și pletele mele de ani
Mi le pieptăn într-o oglindă de timp,
Și firul ierbii e un ano-timp verde,
Și firul fânului, unul uscat,
Și cerul, o vreme care
Din lipsă de graniți se pierde;
Căci timpul nu e miez niciodată,
Ci numai început și sfârșit —
Până n-ai murit
Moartea e și ea durată,
Apoi, nemainăscut de minutare,
Fluviul zăcând în sine
Ca o mare.

MIRA

Mira, me lavo en un río de segundos
Y me seco con una toalla limpia de horas
Y desde hace años
Peino mi cabello en un espejo de tiempo,
Y la brizna de hierba es una estación verde,
Y la brizna del heno, una estación seca,
Y el cielo, un tiempo que se pierde
Por falta de fronteras;
Porque el tiempo no es nunca el centro,
Sino solo comienzo y fin:
Hasta que no hayas muerto
La muerte es también duración,
Mientras el río, que no nació del reloj,
Yace en sí mismo
Como un mar[1] .

[1] Alusión al poema «La carta primera» del poeta romántico Mihai Eminescu: «El tiempo muerto extiende su cuerpo y se transforma en eternidad». (N. de T.).

AM OBOSIT

Am obosit să mă nasc din Idee,
Am obosit să nu mor —
Mi-am ales o frunză,
Iată din ea mă voi naște,
După chipul și asemănarea ei, ușor
Seva răcoroasă o să mă pătrunză
Și nervurile îmi vor fi fragede moaște;
De la ea o să învăț să tremur, să cresc,
Și de durere să mă fac strălucitoare,
Apoi să mă desprind de pe ram
Ca un cuvânt de pe buze.
În felul acela copilăresc
În care
Se moare
La frunze.

ESTOY CANSADA

Estoy cansada de nacer de la Idea,
Estoy cansada de no morir…
He elegido una hoja,
Mira, naceré de ella,
A su imagen y semejanza, levemente,
Su savia fresca penetrará en mí
Y su nervadura formará mis frágiles huesos;
De ella aprenderé a temblar, a crecer,
Y de tanto dolor llegaré a brillar;
Luego me desprenderé de la rama
Como una palabra de los labios,
Del mismo modo infantil
En que
Muere
La hoja.

DEFINIȚIE

Casă împletită din ramuri de salcie
Și cioplită apoi ca Adam din pământ,
Casă acoperită c-o orgă de papură
Gata să curgă în cânt;

Casă spălată de rouă și ștearsă de soare,
Casă-nvelită, ca un zeu mic, într-un nor
Și care asemenea mării se trage spre lună
Din noaptea cu greieri și cu pridvor;

Casă apărată de pomi și de vițe cu struguri
Și vegheată de albine, de licurici, de lăstuni,
Pe care se cațără vitejește dovlecii
Și se-ncaieră crengi încărcate de pruni;

Casă zidită din litere pe stâlpi de silabe,
Sprijinită-n cuvinte, suspendată de stele,
Liniștea pune foi albe în juru-ți
Cerul și-așterne cerneala pe ele.

DEFINICIÓN

Casa trenzada con ramas de sauce
Y esculpida como por Adán de la tierra,
Casa cobijada por un órgano de junco
Y a derramarse en canción dispuesta;

Casa bañada de rocío y desteñida por el sol,
Casa envuelta en una nube como un diosecillo
Que, al igual que el mar, anhela la luna
Una noche con grillos desde una veranda;

Casa al abrigo de árboles y vides,
Velada por abejas y luciérnagas,
Por la que trepan audaces calabazas
Y en la que se entrelazan ramas cargadas de ciruelas;

Casa de letras sobre columnas de sílabas,
Apoyada en palabras, suspendida de estrellas,
El silencio te cubre de hojas blancas
Sobre las que el cielo esparce su tinta.

METAMORFOZE

Îngerii au îmbrăcat haine de păsări
Care îi strâng pe sub aripi,
Păsările au îmbrăcat haine de pești
Ca să zboare sub mări.
Fiarelor le crește iarba la subțiori
Și subțiri rădăcini din copite,
Vorbele se-mperechează îndrăgostite
Ca să nască ocări.
Ca și cum nu eu
Sunt cel care strig
Ajutor,
Îmi astup urechile să nu mai aud
Și ochii-i întorc
Greu, ca pe niște pietre de moară săracă,
Scrâșnind.
Sunt
Ca o sămânță-ngropată
Care nu vrea să se facă
Nici plantă, nici pământ.

METAMORFOSIS

Los ángeles visten los ropajes de las aves
Ceñidos bajo sus alas,
Las aves visten los ropajes de los peces
Para volar por debajo de los mares.
A las bestias les crece hierba en las axilas
Y finas raíces en los cascos.
Las palabras se juntan enamoradas
Para alumbrar injurias.
Como si no fuera yo
La que suplica
Ayuda,
Me tapo los oídos para no escuchar
Y me pesan los ojos
Como las piedras crujientes
De un pobre molino.
Soy
Como una semilla enterrada
Que no quiere llegar a ser
Ni planta ni tierra.

LUNTRE

Să îmi fac o luntre împletită din ierburi și flori
Și să mă las să alunec pe râu ca un plaur,
Egal depărtată de maluri,
Străină de pești,
Să mă mântuie stelele noaptea și-n zori
Să mă-nconjure-ai apei ochi vitregi de aur.

Să nu văd nimic prin pleoapele-nchise,
Un roșu-ntuneric încet mă pătrundă
Atent doar la ritmul somnatec de undă,
Ușor se-nsteleze și moartea-mi de vise
Lăsate târziu să răspundă.

Târziu legănată de luntrea de ierbi,
Miresme sărate și verzi m-or cuprinde,
Împletită în alge și șerpi,
Asfințită-n al mării pustiu,
Să nu mai țin minte.

BARCA

Me trenzaré una barca de hierbas y flores
Para flotar en el río como un islote de juncos,
Equidistante de las riberas,
Ajena a los peces.
Que me rediman los astros por la noche y al alba
Me rodeen los ojos dorados y hostiles del agua.

Que nada vea por mis párpados entreabiertos,
Que una roja oscuridad me asalte
Atenta solo al ritmo soñoliento de la ola,
Y que, lenta, mi muerte se vista de estrellas y sueños
De lejana respuesta.

Tarde, mecida por mi barca de hierbas,
Que perfumes salados y verdes me cubran.
Enmarañada entre algas y serpientes
Anocheceré en el vacío del mar
Para dejar de recordar.

TRECERI

La un capăt și la altul al somnului
Mă simt în pericol,
La trecerile acelea nesigure
Și prost încopciate între vieți,
Bărci abia apropiate să înjghebe un pod
Peste râul învolburat
Și gata să le despartă;
Adorm încet și cu grijă
Să nu calc cumva în moarte
Și mi-e frică mai ales de momentul trezirii
Când aș putea să alunec
Într-o viață străină,
De unde n-aș mai ști să mă întorc
Și-n care tot ce-a fost aici e vină.

TRAVESÍAS

De un extremo al otro del sueño
Me siento acorralada
Ante las inciertas y mal engarzadas
Travesías entre vidas:
Barcas que forman un puente improvisado
Sobre el río revuelto
Presto a separarlas;
Me duermo lento y con cuidado
De no pisar sobre la muerte
Y temo sobre todo el momento de despertar,
Cuando podría resbalar
Hacia una vida ajena
De la que no sabría regresar y en la que todo
Lo que haya habido sea culpa.

ÎN ZORI

În zori,
Când aerul nopții
Se retrage ușor
În emisfera de dor,
Caliciul minuscul al florii
Tresare scoțând
Un sunet afund,
Rezonant ca un geamăt de dom,
Cu dangătul celui mai asurzitor
Clopot la fel;
Ce păcat
Că auzul nostru nu e făcut pentru el
Și nouă nu ni se spune nicicând
Pentru cine bat
Clopotele din flori.

AL ALBA

Al alba,
Cuando el aire de la noche
Se retrae con ligereza
Hacia el hemisferio de la añoranza,
El cáliz minúsculo de la flor
Se sobresalta y exhala
Un sonido profundo
Que resuena como el gemido de una catedral
Con el ensordecedor tañido
De una campana;
Qué pena
Que nuestro oído no esté preparado para ello
Y nunca nadie nos diga
Por quién doblan
Las campanas de las flores.

IMN

Răsari de unde ochii mei nu văd
Și crești spre unde văzul meu n-ajunge,
Pod înfrunzit, întins peste prăpăd,
Materie primă pentru cruce;

Stâlp fraged susținând cu fructe cerul,
Al binelui și-al răului egal,
Prin care curge, sevă, adevărul
Încolăcit de șarpele vasal;

Sens răsturnat al lumilor văzute,
Cu rădăcinile întoarse în văzduh
Pe ale cărui frunze, stranii plute,
Trece pe râul morții câte-un duh;

Înaltă bărbăție din pământ,
Maternitate pururea fecioară,
Foșnește-mă în fiecare vânt
Și-nvață-mă să mor a doua oară.

HIMNO

Apareces allí donde mis ojos no tienen alcance
Y creces hacia donde mi oído no llega,
Puente de hojas tendido sobre la ruina,
Materia prima para la cruz;

Pilar frágil que sostiene el cielo con la frente,
Tan imperioso como el bien y el mal,
Por el que se vierte cual savia la verdad
Enroscada sobre su sierva la serpiente;

Sentido invertido del mundo visible,
Con las raíces vueltas hacia el aire,
Sobre cuyas hojas, extrañas almadías,
Cruza algún espíritu el río de la muerte;

Alta virilidad de la tierra,
Maternidad siempre inmaculada,
Hazme crujir en cada ráfaga de viento
Y enséñame a morir de nuevo.

VEȘMÂNT

Uneori dimineața
Mă trezesc înghețată
Și, pe jumătate adormită încă
Trag, somnoroasă și zgribulită, pe mine
Trupul meu tânăr,
Cald, mătăsos,
În care mă învelesc
Clănțănind copilărește din dinți,
Fericită că încă o zi
O zi întreagă
Voi fi
La adăpost de veșnicie.

VESTIMENTA

A veces, por la mañana,
Me despierto helada
Y, medio dormida aún,
Extiendo sobre mí, soñolienta y tiritando,
Mi cuerpo joven,
Caliente, sedoso,
Con el que me cubro
Castañeteando los dientes como un niño,
Feliz de estar,
Un día más,
Un día entero,
Al abrigo de la eternidad.

MINUNEA

Minunea trosnește sub tălpile mele
Abia îmbrăcată în frageda formă
A crengilor ude,
Deasupra capului meu se dezlănțuie
Și picură-n mine,
Glasul ei limpede
Și neînțeles se aude.
Ea curge pe pietre
Și le face frumoase,
Adoarme în fragi
Și le coace în somn,
Conul de brad i-e palat,
Leagăn ochiul de cârtiță,
Lumânare
Oricare pom.
În ea încap
Și fructele și rădăcinile,
Și fluturii și albinele,
Și răul și binele
Din cer și de pe pământ,
Și chiar și eu,
Nevrednica,
Nealungată
Niciodată

MILAGRO

Milagro que crepita bajo mis pasos,
Apenas vestido con la forma frágil
De las ramas húmedas;
Su voz diáfana
E indescifrable
Se despliega sobre mi cabeza
Y gotea dentro mí.
Avanza sobre las piedras,
Las embellece,
Duerme en las bayas
Y las hace madurar en el sueño;
El cono del abeto es su palacio
Y el ojo del topo su columpio;
Cada árbol
Es una vela.
En él caben
Frutas y raíces,
Mariposas y abejas,
El bien y el mal
Del cielo y de la tierra,
E incluso yo misma,
Ingrata,
Nunca
Expulsada

Din raiul
Pe care-am încercat
Să-l pângăresc
Pricepând.

Del paraíso
Que al tratar de comprender
Estuve a punto
De profanar.

ÎNTR-O NUCĂ

Împletite din fire de iarbă
Și-ncuiate cu frunze,
Lanțurile mi se vor usca în curând
Și vor cădea.
Voi fi atât de liberă
Că-mi va fi frig
Și cine și ce
Mă va putea învăța?

Cine a fost vreodată-ntr-o nucă
Să-mi arate chiliile
Unde-aș putea să mă-ncui,
Când universul întreg
Nu-i decât o-ncăpere
Luminată slab de gutui?

Într-o nucă sunt patru odăi și e cald,
Și-n întunericul verde miroase dulce a miez,
De-afară pătrunde doar o mirare de greier —
Într-o nucă aș vrea să-ntomnez,

DENTRO DE UNA NUEZ

Trenzadas con agujas de hierba
Y selladas con hojas,
Pronto se secarán mis cadenas
Y caerán.
Seré tan libre
Que tendré frío,
¿Y quién podrá
Enseñarme algo?

¿Quién ha estado alguna vez dentro de una nuez
Para mostrarme las celdas
Donde encerrarme
Cuando el universo entero
No sea más que un recinto
Tenuemente alumbrado por membrillos?

Dentro de una nuez hay cuatro estancias y hace calor,
En su verde oscuridad el hueso desprende un olor dulce;
Desde fuera solo penetra la mirada de un grillo…
Dentro de una nuez me gustaría otoñar

Să m-acopere straturi de frunze
Și umbre de cârduri
Zbătându-se-n dorul de ducă,
În timp ce din tot ce-i noroc pe pământ
Eu să știu să aleg
Cât de bine-i să dormi într-o nucă!

Y que me cubran capas de hojas
Y la sombra de las bandadas de aves
Que se agitan con la añoranza del partir,
Mientras yo, de todas las bondades de la tierra,
Sepa escoger el placer
De dormir dentro de una nuez.

ICOANĂ PE STICLĂ

Călare pe-un roib portocaliu
Sfântul Gheorghe trece pe deasupra patului meu
Cu aureola crăpată și sulița strâmbă hazliu
Înfiptă în limba cea roșie a unui balaur de pleu.

Cerul e verde deasupra și sfântul viteaz are barbă
Și-un fel de barbă verzuie are și bietul balaur,
Calul c-un ochi dinspre mine se uită mirat și întreabă
Ce să facă în aer cu copita-i de aur.

Ce-aș putea oare să-l învăț, sau să râd, sau să-i spun?
Capul sfântului, greu, să se prăvale-amenință.
Îmi e milă și de fiara urâtă cu aripi de tăun
Și de calul naiv priponit în credință.

ICONO SOBRE CRISTAL[2]

A lomos de un caballo alazán
San Jorge cabalga sobre mi cama
Con una aureola rota y una ridícula lanza torcida
Clavada en la lengua roja de un dragón de hojalata.

El cielo es verde y el intrépido santo tiene barba
Y el pobre dragón una especie de barba verdosa;
Vuelto hacia mí, el caballo pregunta asombrado
Qué hacer en el aire con sus cascos dorados.

¿Qué podría enseñarle o decirle? ¿De qué me reiría?
Pesada, corre el riesgo de caerse la cabeza del santo;
Siento lástima de la fea bestia con alas de tábano
Y del caballo estancado en la fe, tan ingenuo.

---

[2] Pieza típica del arte popular rumano que surgió en Transilvania en los siglos XVII-XVIII y que se caracteriza por un dibujo naíf, claro, sin proporciones anatómicas, sin perspectiva y de gran riqueza cromática. (N. de T.).

HIBERNARE

Nu-i asculta pe frații mei, ei dorm,
Ei nu-nțeleg cuvintele care le strigă,
În timp ce urlă ca niște fiare aprobatoare
Sufletul lor visează stupi de albine
Și înot în semințe.

Nu îi urî pe frații mei, ei dorm,
S-au învelit în somn ca într-o blană de urs,
Care-i păstrează, cruntă și apăsătoare în viață,
În mijlocul frigului fără-nțeles
Și fără sfârșit.

Nu-i judeca pe frații mei, ei dorm,
Rar câte unul este trimis în trezire
Și, dacă nu se întoarce, e semn c-a pierit,
Că încă e noapte și frig
Și somnul continuă.

Nu îi uita pe frații mei, ei dorm
Și-n somn se înmulțesc și cresc copii
Care-și închipuie că viața e somn și, nerăbdători,
Abia așteaptă să se trezească
În moarte.

HIBERNAR

No escuches a mis hermanos, ellos duermen,
No entienden las palabras que gritan
Mientras aúllan como fieras aquiescentes
Y sus almas sueñan con colmenas de abejas
Y nadan por entre las semillas.

No odies a mis hermanos, ellos duermen,
Se han cubierto en sueños con una piel de oso
Que implacable y onerosa los mantiene con vida
En medio de un frío sin sentido
Ni final.

No juzgues a mis hermanos, ellos duermen,
Rara vez alguno es conminado a despertarse
Y, si no regresa, es señal de que ha perecido,
De que aún es de noche y hace frío
Y el sueño continúa.

No olvides a mis hermanos, ellos duermen
Y en sueños se multiplican y los niños crecen
Y se imaginan que la vida es sueño
E impacientes esperan despertar
En la muerte.

ZBOR

De boala de care sufăr
Nu se moare,
Ci se trăiește —
Substanța ei este chiar eternitatea,
Un fel de cancer al timpului
Înmulțindu-se din sine fără oprire.
E o boală impecabilă,
O suferință perpetuă ca o vocală de sticlă
Laminată în văzduhul asurzitor,
O cădere
Căreia, numai pentru că e fără sfârșit,
I se spune zbor.

VUELO

De la enfermedad que padezco
No se muere,
Se vive:
Su sustancia es la eternidad misma,
Una especie de cáncer del tiempo
Que se multiplica sin cesar.
Es una enfermedad perfecta,
Un sufrimiento perpetuo como una vocal de cristal
Laminada en el aire ensordecedor,
Una caída
Que, solo por no tener fin,
Llamamos vuelo.

SINGURĂTATEA

Singurătatea e un oraș
În care ceilalți au murit,
Străzile sunt curate,
Piețele goale,
Totul se vede deodată
Dilatat în pustiul
Atât de limpede sortit.
Singurătatea e un oraș
În care ninge enorm
Și nici un pas
Nu profanează lumina
Depusă în straturi,
Și numai tu, ochiul treaz
Deschis peste cei care dorm,
Privești, și-nțelegi, și nu te mai saturi
De-atâta tăcere și neprihană
În care nimeni nu luptă
Și nu e mințit,
Unde-i prea clară
Ca să mai doară
Până și lacrima de animal părăsit.
În valea
Dintre suferință și moarte,
Singurătatea e un oraș fericit.

LA SOLEDAD

La soledad es una ciudad
En la que todos los demás han muerto,
Las calles están limpias,
Las plazas vacías,
Todo se ve de repente
Dilatado en el desierto
Al que estamos inexorablemente condenados.
La soledad es una ciudad
En la que siempre nieva
Y ninguna pisada
Profana la luz
Que se posa en capas,
Y solo tú, con el ojo insomne
Abierto sobre los que duermen,
Miras y entiendes y no te cansas nunca
De tanto silencio inmaculado
En el que nadie lucha
Y a nadie le mienten,
Donde hasta la lágrima de un animal abandonado
Es demasiado clara
Como para doler.
En el valle
Entre el sufrimiento y la muerte,
La soledad es una ciudad feliz.

O JUMĂTATE DE LUNĂ

O jumătate de lună
Cade stângace prin cer —
Fă-mă să uit,
Înger stingher,

Fă-mă să uit,
Sau fă-mă s-adorm
În singurătatea
Crescută diform.

Iar dacă visez,
Înger înțelept,
Să nu mai țin minte
Când mă deștept.

Fă-mă să uit,
Sau fă-mă să scriu
Cu țipăt continuu,
Înger pustiu.

Ochiul meu rece
Acoperă-l, îngere,
Cu o pleoapă
În stare să sângere

LA MEDIA LUNA

La media luna
Por el cielo cae rodando,
Ayúdame a olvidar,
Ángel solitario,

Ayúdame a olvidar
O ayúdame a dormir
En la deforme,
Creciente soledad.

Y si sueño,
Que nada recuerde,
Ángel sabio,
Cuando despierte.

Ayúdame a olvidar
O ayúdame a escribir,
Ángel desolado,
Sin dejar de rugir.

Mi ojo frío, ángel,
Has de tapar
Con un párpado
Capaz de sangrar

Peste prealimpede —
Le înțeles
Minte-mă blând
Și du-mă-n eres,

Dă-mi jumătatea
De lună-n neștire,
Dar fă-mă să uit,
Înger subțire.

Sfâșie-mi al
Neuitării delir,
De singurătate-mi
Să nu mă mai mir.

Sobre el cristalino
Sentido.
Miénteme con dulzura
Y llévame al desatino,

De la luna dame
El trozo ignorado,
Pero ayúdame a olvidar,
Ángel delgado.

Arráncame
El delirio de no olvidar
Para que deje de asombrarme
De mi soledad.

ALTFEL

Dar dacă soarele și luna
Sunt unul și același astru
Pe care spaima de-ntuneric
Îl travestește diferit?
Dar dacă eu sunt numai una
Clipind sub ochiul tău albastru
Sau scrijelind-o cu privirea
Bolta străină de granit?

Aceleași biete haine-trupuri
Menite să îmbrace spaime
La fel de mari și totuși altfel,
Mereu de altceva fugind,
Același râu curgând întruna
Tot alte maluri să îngaime–
Din care să se stingă-n mare
Nerăzgândit, același jind.

DE OTRO MODO

¿Y si el sol y la luna
Son uno y el mismo astro
Que el miedo a la oscuridad
Disfraza de otro modo?
¿Y si yo soy solamente un ser
Que parpadea bajo tu ojo azul
O que araña con la mirada
El cielo ajeno al granito?

Los mismos cuerpos-ropajes
Destinados a vestir miedos
Igual de grandes y sin embargo distintos
Siempre huyen de otra cosa;
El mismo río fluye y fluye
Y siempre susurra otros limos
Hasta extinguir en el mar,
Inalterable, un solo anhelo.

LOCUITĂ DE-UN CÂNTEC

Cântecul nu e al meu
El numai trece uneori prin mine
Neînțeles și nestăpânit,
Numele meu îl îmbracă ușor
Așa cum zeii vechimii
Treceau printre oameni
Îmbrăcați într-un nor.

Nu știu când vine,
Nu știu când pleacă,
Unde e-n timpul
Când nu e în mine,
Destinul meu nu-i decât să aștept
Bunăvoința clipei streine.

Locuită de-un cântec,
Părăsită de-un cântec,
Poate chiar văduva unui cântec
Necunoscut și iubit,
Nu merit frunzele voastre de laur
Decât pentru umilința
De a-i fi rămas credincioasă
La nesfârșit.

HABITADA POR UNA CANCIÓN

La canción no es mía,
Solo me atraviesa a veces;
Indescifrable y desenfrenada,
Viste tan fácilmente mi nombre
Como los dioses de la antigüedad
Que arropados en una nube
Pasaban por entre los humanos.

No sé cuándo llega,
Ni sé cuándo se va,
Ni dónde está el tiempo
Que no está conmigo;
Mi destino es tan solo esperar
La buena voluntad de un momento fortuito.

Habitada por una canción,
Abandonada por una canción,
Tal vez viuda de una canción
Desconocida y amada,
No merezco vuestra corona de laurel
Salvo por la humildad
De haber permanecido
Siempre leal.

ÎN APĂ

Mă uit în apă,
Mă uit pe mine în apă.

Stau pe un mal țesut din ierburi
Și mă uit în apă,
Chipul meu mereu curgător îl contemplu,
Străin,
Încrețit de furtuni,
Schimonosit de unde și vânt,
Îmbătrânit de trecerea
Fără întoarcere a apei.

Stau pe un mal
Țesut din ierburi vrăjite,
Buruieni fermecate și flori
Care își trag tinerețea uitucă din râu
Și nu mi-e destul că exist,
Vreau să mă văd
Și mă las răsfrântă
De pagina strâmbă
A undei.

EN EL AGUA

Miro el agua,
En el agua me olvido de mí misma.

Estoy en una orilla tejida de hierbas
Y miro el agua,
Contemplo su oleaje en mi rostro
Ajeno,
Rizado por las tempestades,
Desfigurado por las olas y el viento,
Envejecido por el avance
Sin retorno del agua.

Estoy en una orilla
Tejida de hierbas encantadas,
Un conjuro de maleza y flores silvestres
Que extraen su juventud olvidadiza del río;
Y no basta con existir,
Quiero verme
Reflejada
En la página torcida
De la ola.

NOAPTE ÎN FÂN

Noapte în fân,
Stele și prune în crengi.
Aș putea să rămân
Vieți și morți întregi

În tăcerea bună
Toarsă-ncet de-un greier
Exilat din lună
La mine în creier;

În miresme-amare
Uitate de mult
Recunoscătoare
Aș sta să-l ascult,

Ca și cum eu însumi
Nu m-aș ști deplin;
Vrăjită de plânsu-mi
Ca de-un cânt străin,

Ca și cum pe mine
Nu m-aș înțelege.
Aș putea rămâne
Vieți și morți întrege.

NOCHE EN EL ALMIAR

Noche en el almiar,
Ciruelas y estrellas en las ramas.
Así podría quedarme
Vidas y muertes enteras,

En el tierno silencio
Lentamente trenzado
En mi mente por un grillo
De la luna exiliado;

Llena de gratitud
Me quedaría a escucharlo
Entre perfumes amargos
Hace tiempo olvidados,

Como si yo misma
No me conociera del todo;
Embrujada por mi llanto
Cual canción extranjera,

Como si a mí misma
No me comprendiera.
Así podría quedarme
Vidas y muertes enteras.

PASUL

Am hotărât
Să ies din glasul meu
Ca dintr-o biserică părăsită
De Dumnezeu mai nainte,
O celebră biserică
Devenită muzeu,
Cu altar din silabe
Și bolți din cuvinte,
Sub care, amenințători
De atâta iubire,
Credincioșii se-nghesuie
În pronaosuri sfinte.

Am hotărât
Să fug din glasul meu
Ca dintr-o închisoare pe care
Singură mi-am închinat-o
Pentru nenumăratele mele crime,
O închisoare celebră
Devenită muzeu,
Cu versuri zăvoare
Și gratii de rime —
Publicul o vizitează

DECISIÓN

Decidí
Salir de mi voz
Como de una iglesia
Ya abandonada por Dios,
Una iglesia célebre
Convertida en museo,
Con un altar de sílabas
Y bóvedas de palabras
Bajo las cuales los fieles,
Amenazantes de tanto amor,
Se apiñan
En pórticos sagrados.

Decidí
Huir de mi voz
Como de una cárcel
A la que yo misma me he consagrado
Por mis muchos crímenes,
Una cárcel célebre
Convertida en museo,
Con versos por pestillos
Y verjas de rimas;
El público la visita

Și înfiorat de torturi
Nu se miră
Că nu mai zace-n ea nime.

Y, conmovido por la tortura,
No se asombra
De que ya no yazga nadie allí.

UNA, DOUĂ, TREI

Una, două, trei prune cad
În albastrul întâi, apoi verdele iad.
Trec prin cer, trec prin ierbi,
Întâlnesc păsări, șerpi,
Nu se opresc la nici un îndemn,
Își urmează drumul solemn.
Când ajung, trupul dulce și gol
Și-l așază atente pe-o pernă
Umplută cu foi de lucernă
Și-așteaptă cuminți
Să se facă alcool.
Sâmburii apoi pornesc pe rând,
Mai departe, în pământ,
Ca să câștige printr-o durere mai mare
Viața viitoare.
Cât de ușor, cât de sigur
Poate o prună să moară!
Viața ei de-apoi e la primăvară.

UNA, DOS, TRES

Una, dos, tres ciruelas caen
Al azul primero, luego al verde infierno.
Pasan por el cielo, pasan por la hierba,
Y encuentran aves, encuentran serpientes,
Nada las detiene;
Solemnes, siguen su camino.
Cuando llegan, dejan su dulce cuerpo desnudo
Con cuidado sobre una almohada
Llena de hojas de alfalfa
Y esperan obedientes
Volverse alcohol.
Sus huesos se hunden uno a uno
En la tierra, cada vez más hondo,
Para ganar, con mayor dolor,
La vida futura.
¡Qué simple y segura
Es la muerte de una ciruela!
Su vida del más allá es la primavera.

ȘIRUL

Cuvintele trec strada
Ca șirul de orfani
De la Casa Copilului,
Fiecare cu pumnu-ncleștat
În haina celui din față,
Cu singura grijă
De-a nu se pierde
Unul de altul.

LA FILA

Las palabras atraviesan la calle
Como una fila de niños
Del orfelinato,
Cada uno agarrando con el puño
El mandilón del de delante,
Con la única preocupación
De no soltarse
El uno del otro.

NUMELE

Cât de străin mi-e numele meu,
Nu-i nici o ființă pe care s-o cheme astfel,
Nu înțeleg cum și-a permis să m-aleagă,
Cum m-am închis, de bună voie, în el.

Poveste stângace — o să plec, o să trec
Și-o să rămână uzurpator în locul meu
Acest cuvânt lipsit pentru mine de sens
Al cărui înțeles, pentru ceilalți, sunt eu.

Cântec mereu fragmentat și reluat mai scrâșnit
Cărora alții-i găsesc melodie și îi bat darabana,
Cântec pe care-l aștept și de care mă mir
Ca de o rimă, prea feminină, în ana.

Viața întreagă pentru o viață de-apoi
Neînțeleasă și istovitoare de-acum,
Destin strivitor și zadarnic, lăsându-mi doar dreptul
Orgolios să mi-l asum.

Dar printre semințe și ierburi, printre viermi și albine
Nu se poate să nu am eu însămi un nume
Pe care nu pot să-l discern din vacarmul
Prăvălit peste mine anume.

EL NOMBRE

Qué ajeno me resulta mi nombre,
No existe otro ser que así se llame.
No entiendo cómo se atrevió a elegirme,
Ni cómo en él accedí a encerrarme.

Torpe historia: partiré, pasaré
Y quedará en mi lugar una usurpadora,
Esta palabra sin sentido para mí
Que para los otros de mí es deudora.

Una canción fragmentada, repetida hasta la exasperación,
Por tambores de otros machacada,
Una canción que espero y que me asombra,
Como una rima, demasiado femenina, en -ana.

Una vida entera en el más allá,
Incomprensible y ardua desde ahora,
Destino inútil e implacable, que solo el orgullo
De asumirlo me deja por derecho.

Pero entre semillas y hierbas, entre gusanos y abejas,
No es posible que yo misma no tenga un nombre
Que pueda discernir en el fragor
Desplomado insistentemente sobre mí.

Totul se-nvârte, și curge, și cântă
Triumfătoare legi de care-s inapt
Și împotriva cărora nu pot decât să adorm
Ca să visez cum mă cheamă de fapt.

Todo gira y todo fluye y canta
Leyes triunfantes ajenas a mí
Y contra las cuales solo puedo dormir
Para soñar con mi verdadero nombre.

ATÂT DE FRIG

Mi-e atât de frig,
Încât cred că
Aș mai putea fi salvată
Numai asemenea acelor înghețați
Care erau cusuți
În burțile animalelor
Să se încălzească
Și încotoșmăniți bine
În șuba îndurerată,
Năclăiți în sânge de jivine
Mai veneau pe lume o dată.
Prea departe de
Flăcările din iad,
Am înghețat
În singurătatea mea îngerească,
Dar cine-i în stare
Să-și deschidă coastele
Ca să mă primească?

TENGO TANTO FRÍO

Tengo tanto frío
Que creo que
Solo podría salvarme
La costumbre de aquellos hombres congelados
A los que cosían
A los vientres de los animales
Para que entraran en calor
Y, así, bien envueltos
En doloridas pieles,
Untados con la sangre de las bestias,
Volvían de nuevo a la vida.
Demasiado lejos
De las llamas del infierno,
Me congelo
En mi soledad angelical,
Pero ¿quién es capaz
De abrir sus costillas
Para recibirme?

ARMURA

Trupul meu
Nu-i decât armura
Pe care un arhanghel
Și-a ales-o să treacă prin lume
Și, astfel travestit,
Cu aripile împachetate
Înlăuntru,
Cu viziera zâmbetului
Coborâtă etanș peste față,
Pătrunde în iureșul luptei,
Se lasă-acostat cu măscări,
Împroșcat cu priviri,
Și chiar mângâiat
Pe platoșa rece a pielii
Sub care repulsia clocește
Îngerul exterminator.

LA ARMADURA

Mi cuerpo
No es más que la armadura
Que un arcángel eligió
Para pasar por el mundo
Y disfrazado así,
Con sus alas vueltas
Hacia dentro,
Con la celada como sonrisa
Herméticamente sellada sobre mi rostro,
Avanza en el fragor de la batalla,
Se deja agredir y manchar
Por miradas viciosas
E incluso acariciar
La chapa de acero de su piel,
Debajo de la cual se va gestando
Un ángel exterminador.

ÎNCĂ UN PAS

Atât de puține lucruri mă pricep să fac,
Nici piersici ca piersicii,
Nici struguri ca via,
Nici măcar nuci
Ca arborii cu umbră amară
Și foșnet ușor,
Un singur lucru știu să fac
Cu o pricepere extraordinară:
Știu să mor.

Nu mă laud,
Știu să mor cum puțini oameni știu —
Mă învelesc întâi în tăcere,
Apoi în pustiu
Și pornesc astfel încet, un pas,
Încă un pas, și încă un pas,
Până nu se mai vede din mine
Decât un glas
Așezat somptuos
În al cărții sicriu,

Nu mă laud,
Credeți-mă, știu să mor

UN PASO MÁS

Sé hacer muy pocas cosas:
Ni melocotones como los melocotoneros,
Ni uvas como la vid,
Ni siquiera nueces
Como los nogales de amarga sombra
Con su tenue susurro de hojas;
Pero una cosa sé hacer
Con singular destreza:
Sé morir.

No presumo,
Sé morir como pocos hombres saben;
Primero me envuelvo en el silencio,
Luego en el vacío,
Y avanzo así, despacio, un paso,
Otro paso, y un paso más,
Hasta que solo queda de mí
Una voz,
Colocada suntuosamente
En el ataúd del libro.

No presumo,
Creedme, sé morir,

Și știu, mai ales, să înviu,
Dar asta e, bineînțeles,
Mult mai ușor.

Y sé, sobre todo, resucitar,
Pero eso es, claro está,
Mucho más sencillo.

JOC

Uite, ploaia coase
Cerul de pământ
Cu fir de mătase
Răsucit de vânt.

Uite, iarba țese
Pământul de nori.
M-am gândit adese-
Ori, adeseori:

De la voi se vede
Iarba ca o ploaie
Care curge verde
Peste cer și-l moaie,

Iar ploaia o fi
Pe-a norilor cale
O iarbă mai gri
Sub tălpile tale.

Hai să facem schimb,
Să vezi și tu cum e —
Tu îmi dai un nimb,
Eu îți dau un nume;

JUEGO

Mira, la lluvia pespuntea
El cielo a la tierra
Con hilo de seda
Torcido por el viento.

Mira, la hierba cose
La tierra a las nubes.
He pensado a menudo,
Muy a menudo en ello:

Desde donde estáis
Parece lluvia la hierba
Que, verde, se abalanza
Sobre el cielo y lo riega

Y tal vez la lluvia
En la nubosa vereda
Sea una hierba oscura
Bajo tus suelas.

Cambiemos ahora el sentido,
Y así quizás puedas verlo:
Tú me das un nimbo a mí,
Un nombre te doy yo a ti.

Iar dacă ne-ntreabă
Care-or fi din două —
Ploaia-n nori e iarbă,
Iarba-n ceruri plouă;

De ne ispitește
Care-i adevărul —
Ploaia-n nouri crește,
Iarba spală cerul.

Y si alguien pregunta,
¿Cuál es la verdad?
¿En las nubes es hierba la lluvia,
En los cielos llueve la hierba?

Y si nos tienta
Saber la verdad:
La lluvia en las nubes crece,
La hierba pone el cielo a lavar.

VÂNĂTOARE

N-am alergat niciodată după cuvinte,
Tot ce-am căutat
Au fost umbrele lor
Lungi, argintii,
Târâte de soare prin iarbă,
Împinse de lună pe mare;
Nu am vânat niciodată
Decât umbrele vorbelor –
E o foarte iscusită vânătoare
Învățată de la bătrâni
Care știu
Că din cuvânt
Nimic nu e mai de preț
Decât umbra
Și nu mai au umbră
Cuvintele care și-au vândut sufletul.

CAZA

Nunca he corrido tras las palabras,
Todo lo que he buscado
Han sido sus sombras
Largas y plateadas,
Arrastradas por el sol sobre la hierba,
Impulsadas por la luna sobre el mar;
Nunca he cazado
Más que la sombra de las palabras…
Es una caza muy hábil,
Que aprendí de mis ancestros,
Que saben
Que de una palabra
Nada es más valioso
Que su sombra.
Y las palabras que han vendido su alma
Carecen de sombra.

UMBRA

Cine merge înainte
Și nu întoarce capul
S-a părăsit pe sine în urmă;
Cine aleargă
De spaimă o face
Să nu fie ajuns
De el însuși;
Cine nu-și spune țelul
Se teme
Să nu se găsească
Pe sine acolo,
Ca și cum umbra
N-ar fi chiar balta de întuneric
Scurs prin venele noastre deschise
Din dorința de-a înainta...

LA SOMBRA

Quien avanza
Sin volver la cabeza atrás
Se abandona a sí mismo;
Quien corre
Lo hace porque tiene miedo
De ser alcanzado
Por sí mismo;
Quien no admite su meta
Teme
No encontrarse
A sí mismo allí,
Como si la sombra
No fuera esa charca de oscuridad
Que corre por nuestras venas abiertas
Por el deseo de avanzar…

CĂRARE

Cărare dreaptă
Trasă prin iarbă
De pieptănul tălpilor goale
Ca printr-un păr
Al țăranii,
Creștet fierbinte de somn
Și gata să se prăvale
De bună voie din toamnă
Precum din viață, bătrânii.

SENDERO

Sendero recto
De hierba
Peinado por mis suelas desnudas
Como si fueran cabellos
De tierra,
Coronilla caliente de sueño
A punto de derrumbarse
Voluntariamente desde el otoño,
Igual que, de la vida, los ancianos.

ÎNTR-O ZI

Într-o zi trebuie să vină
Cineva dinspre moarte,
Într-o zi mi se va spune
Cum e mai departe.
Într-o zi mă vor învăța, sunt sigură,
Cum trebuie să mă port
Pe partea cuvintelor dinspre nord.
Va trebui să înțeleg din vreme
Ce să răspund când or să mă cheme
Și ce să fac din clipa-n care scapăt,
Căci nu se poate
Să mai fiu silită
S-o iau de la capăt.
Tot nepregătită.

UN DÍA

Un día alguien vendrá
Desde la muerte,
Un día me explicarán
Qué significa más lejos.
Un día, seguro, me enseñarán
Cómo comportarme donde
Las palabras señalan el norte.
Con el tiempo he de entender
Qué responder si me llaman
Y qué hacer cuando me muera,
Porque no es posible
Que me obliguen
A empezar de nuevo
Sin estar preparada.

DOVEZI

Îngeri bătuți cu pietre
Care mai au tăria
Să nu se-ndepărteze în văzduh
Îmi cer, răniți
Și frânți de oboseală, găzduire
Și-n timp ce încă fâlfâie ușor
Adorm umili și fragezi prin caiete,
Trăgându-și doar în somn
Când li se face frig,
Câte o filă albă peste aripi.
Dimineața știu că n-am visat
După amprentele penelor pe pagini
Și mă grăbesc să le memorez
Înainte de a-mi fi confiscate
Ca să se decreteze specii noi
De păsări de pradă.

PRUEBAS

Ángeles apedreados
Que aún tienen la fuerza
De no marcharse al cielo
Me piden, heridos
Y extenuados, hospedaje.
Y mientras aún aletean suavemente, algunos
Se duermen, humildes y frágiles, entre mis cuadernos;
Cuando tienen frío
Se cubren en sueños
Con una hoja blanca sobre sus alas.
Por la mañana sé que no lo he soñado
Por las huellas de sus plumas en las páginas,
Y me apresuro a memorizarlas
Antes de que me las confisquen
Y decreten, así, nuevas especies
De aves de presa.

O UMBRĂ A IERBII

O umbră a ierbii,
Ce poate fi mai firav
Decât o umbră a ierbii,
Decât o linie subțire de noapte
În lumina cotropitoare și rea,
Ce poate fi mai eroic
Decât o umbră a ierbii
Escaladată cu greu
De o umbră la fel de stinsă
De buburuză?
Desprinse de mult de formele
Pe care le întorc împotriva luminii
Și existând patetic
În după-amiaza toridă:
O umbră de buburuză urcând
Chinuitor
O umbră de iarbă,
Ce poate fi mai firav
Și mai imposibil de șters?

LA SOMBRA DE UNA BRIZNA DE HIERBA

La sombra de una brizna de hierba.
¿Qué puede ser más frágil
Que la sombra de una brizna de hierba,
Una delgada línea de noche
En la luz cruel y avasalladora?
¿Qué puede ser más heroico
Que la sombra de una brizna de hierba
Por la que asciende con esfuerzo
La sombra igual de apagada
De una mariquita?
Desprendidas desde hace tiempo de las formas,
Proyectan entre el muro y la luz
Su patética existencia
En una tarde abrasadora;
La sombra de la mariquita trepa
Atormentada
Por la sombra de una brizna de hierba.
¿Qué puede ser más frágil
Y más difícil de borrar?

SEMANTICĂ

Trebuie să recunosc că încă n-am reușit
Să descifrez limba greieră,
Deși de ani și ani mă pregătesc
În acest scop,
Am urmat prestigioasele universități
Ale lunii lui August,
Am scris studii savante
Despre stele și nopțile care le treieră
Și doctoratul mi l-am luat
În dialectul, oarecum înrudit,
Al frunzei de plop.

Și toate numai pentru a pătrunde
În palatul isteric
Plutind în văzduh pe stâlpi de vocale,
Cu lungi coridoare de țipăt,
Temniți de bocet profunde
Și turnuri suind osanale.

Uneori mi se părea că-ncep să-nțeleg
Răsucirea de sunete vibrând ascuțit
Și mă grăbeam să creez sisteme,
Morfologii și sintaxe
Aiuritoare,

SEMÁNTICA

Reconozco que aún no he conseguido
Descifrar el idioma de los grillos,
Aunque desde hace años me preparo
Para eso;
He acudido a las prestigiosas universidades
De agosto,
He escrito sabios tratados
Sobre las noches que las estrellas trillan
Y he logrado doctorarme
En el dialecto, de alguna manera emparentado,
De las hojas del álamo.

Y todo eso solo para adentrarme
En el estridente palacio
Que flota en el aire sobre columnas de vocales,
Con largos pasillos de alaridos,
Calabozos de lamentos profundos
Y torres que alzan aleluyas.

A veces me parecía entender
La maraña de sonidos agudos y chirriantes
Y me apresuraba a crear sistemas,
Morfologías y sintaxis
Alucinantes,

Până când un strigăt
Mai sfâșietor și mai nestăpânit
Spărgea înțelesul
Și se scurgea din tipare.

Ohoho, ce de limbi sonore aș fi putut
Inventa pe de-a-ntregul,
De nu mi-ar fi fost dat să aud
Greierul pe care nu înțelegu-l.

Hasta que algún grito
Desgarrador e incontrolable
Rompía el sentido
Y se desgajaba de los modelos.

Oh, ¡cuántos idiomas sonoros hubiera podido
Inventar enteros
Si no hubiera escuchado
Al grillo indescifrable!

CAMUFLAJ

Am putea cere paradisului
Mai mult decât să fie asemenea
Cuibului de rândunică?
Pe dinăuntru
Imaculat, strălucitor,
Căptușit cu fulgi
Ca de îngeri,
Pe dinafară
Lut zgrunțuros,
Un perfect camuflaj
Căruia noi îi spunem
Cu atâta precauție
Moarte.

CAMUFLAJE

¿Podríamos pedirle al paraíso
Algo que no fuera parecerse
Al nido de una golondrina?
Por dentro,
Inmaculado, brillante,
Forrado de plumas,
Como un ángel;
Por fuera,
Barro grumoso,
Un perfecto camuflaje
Que nosotros llamamos
Con tanta precaución
Muerte.

ÎN POCNETUL SURD

În pocnetul surd al prunelor vinete
Pe pământul umed, afund,
Voluptuos și cu nerușinare
Viața și moartea se întrepătrund.

Durere-plăcere egal vinovate
Că putrezirea e dulce și împlinirea sfârșit —
În pocnetul surd al prunelor vinete
Viața și moartea violent se desfid

Triumfătoare deodată, înlănțuite etern
În luptă și dragoste, crude și pline de
Același cântec fără scăpare
În pocnetul surd al prunelor vinete.

EN EL ESTALLIDO SORDO

En el estallido sordo de las ciruelas azuladas
Sobre la tierra húmeda, en lo profundo,
Insolentes y apasionadas,
Vida y muerte se entrelazan.

Dolor y placer igualmente culpables:
Dulzura al pudrirse y plenitud al consumarse,
En el estallido sordo de las ciruelas azuladas
Vida y muerte se desafían,

Triunfadoras a la vez, por siempre encadenadas
En la lucha y el amor, crueles y rebosantes
De una misma canción sin escapatoria
En el estallido sordo de las ciruelas azuladas.

SĂMÂNȚĂ

Cu mâinile murdare de pământ
Mi-ating obrazul singură și îl mângâi,
Țărâna pe țărână lasă urmă
Gingașă ca în ziua cea dintâi

Și simt cum o sămânță din noroiul
Ce mi se urcă pe obraz
Întinde rădăcini duioase-n carnea
Înfiorată de amiaz.

Nu m-aș mira să se deschid-o floare
Cu sângele meu sevă-n ea curgând
Precum o hrană mult mai de departe
Ajunsă-n mine însămi din pământ.

SEMILLA

Con las manos sucias de tierra
Me acaricio la mejilla;
El barro sobre el barro deja huellas
Delicadas como el primer día,

Y siento cómo una semilla del cieno
Sube por mi semblante
Y extiende amorosas raíces en la carne
Sobrecogida del pleno día.

No me asombraría si una flor se abriera
Con mi sangre que corre como savia,
Cual sustento que llegara hasta mí
De otra tierra mucho más lejana.

ÎN CĂDERE

Întâi îmi arunc
Unul câte unul
Cuvintele,
Savant picurate,
Împerechiindu-se
În cădere;
Apoi anii,
Unul câte unul,
Egal depărtați între ei,
Cu știința subtilă-a gradării;
Mă precipit apoi
Și ca-ntr-un naufragiu arunc
Tot ce e lest,
Tot ce mă poate trage la fund,
Amintirile, dorințele, patimile,
Iubirile, în cele din urmă,
Și, când nu mai e nimic
De aruncat,
Nici o haină, cât de subțire,
Pielea mototolită mi-o dezbrac
Și carnea amorțită de pe oase.
Acesta e marele striptease
Pe care îl fac
Aproape de bunăvoie.

EN LA CAÍDA

Primero arrojo,
Una a una,
Las palabras;
Gotean con maestría
Emparejándose
En la caída;
Luego los años,
Uno a uno,
A igual distancia,
Con la sabiduría sutil de la gradación;
Entonces me apresuro
Y como en un naufragio arrojo
Todo el lastre,
Todo lo que me arrastra hacia el fondo,
Recuerdos, deseos, pasiones,
Amores y, al final,
Cuando ya no queda nada
Que tirar,
Ni un abrigo, por muy ligero que sea,
Desvisto mi piel arrugada
Y la carne entumecida de mis huesos.
Este es el gran *striptease*
Que hago
Casi por voluntad propia.

LUNA TANGENTĂ

Luna tangentă la turn
Suie spre crucea din vârf
Obrazul ei taciturn
Și galben, de stârv.

Apoi se desprinde încet
Și se prelinge piezișe
Peste întinsul tibet
De acoperișe.

Răsfrântă din când în când
De câte-o fereastră
Se-oprește abia tremurând
Pe casa noastră.

Știu că m-așteaptă să ies
Rea, răbdătoare,
Clipește doar rar cu-nțeles
Din ochiul ei mare.

Mă fac că nu bag în seamă
Felul cum picură-n mine
Clipa de care mi-e teamă
Și-atât de rușine.

LA LUNA TANGENTE

La luna tangente a la torre
Alza su mejilla taciturna,
Amarilla y extinta,
Hacia la cruz en lo alto.

Luego se aleja poco a poco
Y, oblicua, se va derramando
En este vasto Tíbet
De tejados.

Su reflejo de vez en cuando
Se detiene apenas
En alguna ventana, temblando
Sobre nuestra casa.

Sé que aguarda, paciente y maliciosa,
A que yo la persiga, sonámbula;
Raras veces me hace señas
parpadeando su gran ojo.

Finjo no darme cuenta
De cómo se derrama sobre mí
Y temo y me avergüenzo
De seguir sus pasos.

Pășesc rar prin aer și-ascult,
Încet mă dezbrac să amân:
Luna e moartă de mult,
Cerul întreg e bătrân.

Me desvisto despacio para demorarme,
Me entrego al aire y escucho:
La luna ha muerto hace tiempo,
Todo el cielo es anciano.

PENEL

Iarna crengile scriu
Poezii japoneze
Cu penel fumuriu
Pe mătasea zăpezii,

Ca și cum s-ar feri
Să-nțeleg, ca și cum
În zadar și deși
Plânsem toți și șezum

Sub aceiași copaci
Ai aceluiași veac —
Îngeri muți și stângaci
Mă învață să tac

Neînțelese poeme
Picurând din zăpadă:
Ieri era prea devreme,
Azi au fost altădată.

PINCEL

Con un pincel de humo
Las ramas escriben en invierno
Poemas japoneses
Sobre la seda de la nieve,

Como si no quisieran
Que yo entendiera, como en vano,
A pesar de que todos
Nos sentamos y lloramos[3]

Bajo los mismos árboles
De un mismo siglo…
Ángeles mudos y torpes
Me enseñan el sigilo;

Poemas incomprensibles
Que en la nieve han brotado:
Ayer era aún temprano,
Hoy es tiempo pasado.

---

[3] Alusión a «Junto a los ríos de Babilonia nos sentábamos y llorábamos acordándonos de Sion», Salmo 137:1. (N. de T.).

PĂMÂNT

Acest trup
Pe care-l rănesc
Și mângâierile,
Cu umeri din care aripile
Au renunțat să mai crească,
Este singura fâșie de pământ
Unde îmi pot clădi
O împărăție lumească.
Când te voi pierde,
Plăpând univers
Mai trecător decât frunza,
Fraged imperiu de-o oră
Pe care-l conduce norocul,
Toate armatele mele de îngeri
Jucându-se de-a v-ați ascunsa
Îți vor putea ține locul?

MUNDO

Este cuerpo
Al que incluso
Las caricias hacen daño,
De hombros en los que las alas
Han renunciado a crecer,
Es la única franja del mundo
Donde puedo construir
Un paraíso terrestre.
Cuando te pierda,
Frágil universo
Más fugaz que la hoja,
Tierno imperio de una hora
Guiado por el azar,
¿Podrán reemplazarte
Todas mis legiones de ángeles
Que juegan al escondite?

ÎNTREBARE

Ce simte lampa pentru flutur,
Ce simte luna pentru mare
Și soarele pentru pământ,
Pământul însuși pentru lună,
Ce simte vorba pentru gând
Și pentru rugă ochiul mare
Mișcându-și în albușul zării
Privirea care ne-mpreună?

Frunze, și crengi, și flori, dar nici
Un singur animal-răspuns,
Nici o ființă vie-n stare
Să spună limpedele da,
Prin ceruri tot întâmplătoare,
Dar nestrăine îndeajuns
Cădem cu aripi împletite
Și fără a mai întreba.

PREGUNTA

¿Qué siente la lámpara por la mariposa?
¿Qué siente la luna por el mar,
Y el sol por la tierra,
Y la tierra misma por la luna?
¿Qué siente la palabra por la idea
Y por la oración el gran ojo
Que en la claridad del horizonte desliza
La mirada que nos une?

Hojas y ramas y flores, pero
Ni un solo animal-respuesta,
Ni un ser vivo que pueda
Decir que sí con claridad;
A través de cielos siempre azarosos,
Pero no lo suficientemente ajenos,
Con alas trenzadas caemos
Sin preguntar siquiera.

ILUMINARE

Ce mari și luminoase
Sunt secundele aici,
Te orbesc cu umerii și frunțile lor —
Cum fac
De nu mai îmbătrânesc
Și nu mor
Și numai rar,
Din când în când,
Într-o doară,
Câte una se hotărăște
Să devină
Odinioară?
Mamă Moarte, ce mari
Sunt secundele aici
Între ugere și furnici,
Între dovleci și albine!
Nu găsesc una
Mai miloasă sau mai nătângă
Să se îndure
Să se stingă
În mine.

ILUMINACIÓN

Cuán grandes y luminosos
Son aquí los segundos,
Te ciegan con sus frentes, con sus hombros…
¿Cómo hacen
Para no envejecer
Ni morir
Y para que solo a veces,
De cuando en cuando
Y sin ningún motivo,
Alguno decida
Llegar a ser
Ayer?
Madre Muerte, ¡cuán desmedidos
Son aquí los segundos,
Entre ubres y hormigas,
Entre calabazas y abejas!
No encuentro uno
Necio o compasivo
Que se apiade
Y se apague
En mí.

DACĂ

Și dacă, în noaptea din jur,
Mi-aș da, cu un gest cunoscut,
Foc în piața cea mare
S-ar trezi cineva din somn
De prea multă lumină
Sau ar întreba cineva
De unde mirosul de fum?
O pace fierbinte-ntreruptă
Din când în când de asfaltul
Crăpând senzual sub puterea
Pumnului ierbii. Miroase
Un pom înflorit într-o curte
Și-aproape cu pulsul se-aude
Fructul în floare crescând.
Istorie,
Mai slabă și mai fără rost decât firul
Nevăzut de polen
Care naște un rod…

Y SI…

Y si en la noche que me envuelve
Me prendiera fuego con un gesto conocido[4]
En la plaza mayor,
¿Alguien se despertaría del sueño
Por el exceso de luz
O preguntaría
Por el olor a humo?
Una paz en llamas interrumpida
De vez en cuando por el asfalto
Que se resquebraja sensualmente bajo el influjo
De un manojo de hierba. El perfume
De un árbol que florece en un patio
Y casi se escucha el latido
Del fruto que crece en la flor.
Una historia
Más débil y con menos sentido
Que el hilo invisible de polen
Del que nace el fruto…

---

[4] Alusión a Jan Pallach, el estudiante checo que se inmoló en 1969 en la Plaza de Wenceslao como forma de protesta contra la invasión soviética, y a Corneliu Babeș, quien hizo lo mismo en Brașov en 1989 contra el régimen de Nicolae Ceausescu. (N. de T.).

MORFOLOGIE

Dor aproape stins de lume,
Dor aproape stins de mine,
Substantive și pronume
Ale unei limbi străine

Dintre frazele căreia,
Moi și vechi, de catifea,
Verbe fermentând ideea
Să visez în limba mea.

Singura din limbi pe care
O murmur în somn și-n gând,
Răscolită declinare
Între leagăn și mormânt;

Cea pe care o-nțelege
Marea și-o vorbesc și munții —
Dulce, nenvățată lege,
Adjective și conjuncții,

Interjecțiile fierbinți,
Gândul care vrea să fie,
Dor de-o lume cu părinți
Și cu o copilărie.

MORFOLOGÍA

Anhelo casi apagado del mundo,
Anhelo casi apagado de mí,
Sustantivos y pronombres
De una lengua extranjera

De cuyas frases
Blandas y viejas, aterciopeladas,
Fermentan los verbos la idea
De soñar en mi lengua,

La única de las lenguas
Que murmuro en mis sueños y en mis pensamientos,
Declinación revuelta
Entre la cuna y la tumba;

Lengua que entiende
El mar y que hablan las montañas:
Dulce ley invisible,
Adjetivos y conjunciones,

Ardientes interjecciones;
El pensamiento que quiere ser
Anhelo de un mundo
Con padres e infancia.

VĂ MULȚUMESC

Vă mulțumesc că mi l-ați lăsat,
Pietre în sufletul cărora cred,
Și ție, al cărui sens l-am pătruns
Îți sunt recunoscătoare, prăpăd.

Îți mulțumesc că nu mi l-ai luat,
Ochi galben din fruntea cerului mort,
Lună vorace a cărei privire
În ceafă și-acum o mai port.

Și vouă, cioburi scrâșnind de icoane,
Aureolă tăind și veșmânt ascuțit, îngeresc,
Pentru că nu mi l-ați acoperit de tot
Smerită vă mulțumesc.

Vă cer iertare că nu v-am iubit până-acum
Ziduri, și bârne, și stâlpi al aceluiași vis,
Și râuri de lavă din burta bolnavă-a pământului,
Care nu l-ați ucis.

OS DOY LAS GRACIAS[5]

Os doy las gracias por no habéroslo llevado,
Piedras en cuya alma creo;
Y a ti, desgracia, en cuyo sentido
He penetrado, agradecida quedo.

Te doy las gracias por habérmelo dejado,
Ojo pálido en el rostro de un cielo muerto,
Luna voraz cuya mirada
En la nuca siempre se me clava.

Y a vosotros, cristales chirriantes de iconos,
Aureola afilada y sangrante traje angelical,
Porque no me lo habéis sepultado del todo,
Humildemente os doy las gracias.

Y os pido perdón por no haberos querido hasta ahora,
Muros, vigas y columnas del mismo sueño,
Y ríos de lava que no lo habéis matado
Desde el vientre enfermo del suelo.

---

[5] Ana Blandiana escribió este poema después de que su marido se salvara milagrosamente al caer del séptimo al cuarto piso durante el terremoto que sacudió Bucarest la noche del 4 de marzo de 1977 y que dejó 1.578 muertos y 11.300 heridos. (N. de T.).

Ați fi putut să o faceți. Sfârșitul
Ironic al lumii vă dase-acest drept înmiit.
Pleoapele blânde cu gene de raze-ale stelelor
Nici n-ar fi clipit.

Y sé que lo podíais haber hecho. El irónico fin
Del mundo os dio ese infinito derecho.
Los sedosos párpados de las estrellas
Ni siquiera hubieran pestañeado.

OGLINZI

Cât de greu să descoperi,
Ce ușor să inventi,
Pentru un rege mort,
Mii și mii de regenți,

Pentru-o singură lună,
Mii de lacuri întinzi;
Îmi e sete de mine
Și beau numai oglinzi.

Mii de vorbe țipate
Pentru-un sens care piere;
Îmi e sete de somn,
Îmi e somn de tăcere.

ESPEJOS

Es tan difícil descubrir
Y tan fácil inventar:
Miles y miles de regentes
Para un rey muerto;

Para una única luna
Despliegas miles de lagos;
Tengo sed de mí misma
Y bebo solo de espejos.

Miles de palabras a gritos
Para un significado que muere;
Tengo sed de sueño,
Tengo sueño de silencio.

MILĂ

O cucuvea lătra
Pe casa noastră azi-noapte
Ca un cățel părăsit
Singur printre simboluri,
Jalnic lătra,
Disperată ea însăși
De ceea ce spune,
Hidoasă și singură,
Pe casa noastră
O cucuvea.
O priveam
În lumina speriată a stelelor
Și nu-nțelegeam
Amenințarea pe care-o rostea.
Îmi era numai milă
Și aș fi vrut să i se-mplinească
Urarea
Ca să se poată și ea bucura.

COMPASIÓN

Esta noche una lechuza
Ladraba sobre nuestra casa
Como un perro abandonado,
Solo entre los símbolos;
Ladraba quejumbrosa
Y ella misma se afligía
De lo que decía.
Horrible y sola
Sobre nuestra casa,
Una lechuza;
Yo la miraba
Bajo la luz escalofriante de las estrellas
Y no entendía
La amenaza que pronunciaba,
Solo sentía pena
Y me hubiera gustado
Que se cumpliera su vaticinio,
Para que se alegrara.

VORBE

Dar oare ce spun eu sunt vorbe
Și dacă-s vorbe totuși ce-s?
Rotunde suprafeți de sunet
Zimțate-n jur de înțeles,
Prin care gândul îmi respiră
Cum arborele viu prin frunze,
Zbătându-și verde-n cer norocul
Al rădăcinilor ascunse

Încolăcite-n mâl și râme,
Strângând cu spaimă-n brațe morți,
Ca să învețe din muțenia
Neveșnic răsturnatei sorți
Tăcerea ritmică-a tulpinei
Vorbind prin frunze și născând prin flori.
Dar dacă ce spun eu sunt vorbe
Nu e zadarnic să nu mori?

PALABRAS

Y si lo que yo digo son palabras,
Si son palabras, entonces, ¿qué son?
Redondas superficies sonoras
Con bordes serrados de sentido,
Por las que mi pensamiento respira
Como el árbol vivo entre las hojas,
Agitando, verde en el cielo, la suerte
De sus raíces ocultas

Enredadas en fango y lombrices,
Abrazando con temor a los muertos
Para que de la mudez
Del destino siempre fugaz
Aprendan el silencio rítmico del tallo
Que habla a través de las hojas y nace entre las flores.
Pero si lo que yo digo son palabras,
¿No es en vano no morir?

ORICE URMĂ

Orice urmă-i o rană,
Nu-ntoare capul
Și nu zgândări cu privirea
Amprentele inflamate
Pe care le-ai lăsat pe obiecte
Și plăgile, sângerând cu noroi,
Ale pașilor.
Orice urmă-i o rană
În carnea albă-a ratării,
Nu-ți mai lăsa visul
Să se răsucească
Avid de suferință
În trecut.
Treci înainte
Îmbălsămat în uitare,
Golit de-amintiri ca un mort
De putrezitele lui măruntaie.

TODA HUELLA

Toda huella es una herida;
No vuelvas la cabeza
Ni escudriñes con la mirada
Las marcas inflamadas
Que has dejado en las cosas
Y las llagas de tus pasos
Sangrantes de barro.
Toda huella es una herida
En la carne blanca del fracaso,
No dejes que tu sueño
Se retuerza,
Ávido de sufrimiento,
En el pasado.
Avanza
Embalsamado en olvido,
Vaciado de recuerdos, como un muerto
De sus vísceras podridas.

TOTUȘI

Și dacă, totuși, ne vom trezi
Cândva din somnul acesta grăbit
Vom ține minte cum într-o zi
Cu multă zăpadă-am murit?

Cum se făcuse pământul de platină,
Orele-n turnuri și fulgii în aer să-ncapă?
Gândul mirat încă se clatină
Ca o limbă de clopot sub apă.

Prea mult alb ca să poți ține ochii deschiși
Și ce liniște-n moarte și-n lume!
Să fi fost, oare,-anume uciși
Și zăpada să fie anume?

A PESAR DE TODO

Y si a pesar de todo despertáramos
Alguna vez de este sueño repentino,
¿Recordaríamos cómo un día,
Sepultados en la nieve, perecimos?

¿Cómo se volvió de platino la tierra para que cupieran
Las horas en las torres y en el aire los copos?
Con asombro el pensamiento aún titubea,
Como el badajo de una campana que suena bajo el agua.

¡Cuánta blancura para mantener abiertos los ojos
Y cuánta serenidad en la muerte y en el mundo!
¿Acaso nos mataron adrede
Y con esa intención fue creada la nieve?

AMÂNARE

Imaginează-ți că-ntr-o seară
Soarele se va culca de tot
Și tu va trebui să visezi
În acea ultimă noapte
Toată puzderia de vise
Amânate mereu,
Va trebui să te grăbești să visezi
Căderile pe scări cu trepte lipsă
Și glasurile nepământești,
Amestecând durerea insuportabilă
A trădării celorlalți
Cu propria, abia observata,
Plăcuta trădare.
Va trebui să te grăbești să visezi
Sentimente și întâmplări,
Ființe iubite și crime,
Păsări și șerpi,
Glasuri, munți, corăbii,
Adâncuri de mare și nori,
Tot ce sufletul tău a păstrat
Pentru mai târziu,
Pentru clipa
Atât de incredibilă
Când în sunetele sarcastice ale goarnelor

APLAZAMIENTO

Imagina que una tarde
El sol se pusiera para siempre
Y tú soñaras
Aquella última noche
Un sinfín de sueños
Eternamente aplazados;
Tendrías que darte prisa para soñar
Con caídas por escaleras a las que les faltan peldaños
Y con voces de mundos sobrenaturales
Mezclando el dolor insoportable
De traicionar a otros
Con tu propia, apenas percibida,
Plácida traición.
Tendrías que darte prisa para soñar
Con emociones y acontecimientos,
Seres amados y crímenes,
Aves y serpientes,
Voces, montañas, navíos,
La profundidad del mar y las nubes,
Todo lo que tu alma ha conservado
Para después,
Para el momento
Tan increíble
En que, contra todo pronóstico,

Intrarea se va face,
Împotriva tuturor așteptărilor
În ordinea viselor.

En el orden de los sueños,
Al toque mordaz de los clarines,
Tenga lugar la entrada en el más allá.

ACASĂ

Era un timp când mă simțeam
În trupul meu acasă,
Știam locul fiecărui lucru —
Fereastra în care răsare soarele
Și peretele dinspre nord,
Nu-mi era niciodată urât,
Îmi găseam de dimineața
Până seara de lucru,
Iar dacă plecam undeva
Abia așteptam să mă-ntorc.

Acum de-atâta ordine mi-e silă
Și de știutulpederost mi-e somn,
Nu mai țin minte când am fost adusă
În încăperea prea frumoasă pentru mine.
Căutam pe cineva și i-am rămas în loc?
Sau poate-a fost o cursă
În care-s prinsă încă?
Aștept de mult și am uitat pe cine…
Oh, mi-e atât de frig în casa asta!
Dac-aș pleca acum, ar fi de tot.

MI CASA

Hubo un tiempo en que me sentía
Como en casa dentro de mi cuerpo,
Sabía el lugar de cada cosa:
La ventana por la que salía el sol
Y la pared que daba al norte,
No me sentía nunca sola,
Me mantenía ocupada
De la mañana a la noche,
Y si me iba a alguna parte
Deseaba con ansia regresar.

Ahora me hastía tanto orden
Y por saber todo de memoria me entra sueño,
No recuerdo cuándo me llevaron
A esa estancia tan bella para mí.
¿Buscaba a alguien y me quedé en el camino?
¿O tal vez fue una trampa
En la que aún estoy encerrada?
Espero desde hace tiempo y he olvidado a quién…
¡Oh, tengo tanto frío en esta casa!
Si partiera ahora, sería para siempre.

DEAPĂNĂ, VÂNT

Deapănă, vânt,
Tortul stingher
De funigei,
Până nu pier
Toarce cuvânt
Din anii mei,
Cu firul plâns
Leagă-mă strâns
Să nu dispar,
Sub cerul jos
Ca un sticlos
Clopot lunar
În care atârn
Stângaci și cârn
Dând glas greoi,
Când mă lovesc
De zid ceresc,
Orei de-apoi.

DESPLIEGA, VIENTO

Despliega, viento,
El solitario hilo
De la telaraña.
Antes de que me haya ido,
Teje una palabra
De mis años;
Con el hilo empapado de llanto
Déjame firmemente atada
Para que no desaparezca
Bajo el cielo descendente
Como una campana de luna
Cristalina
De la que penda
Torpemente y me arquee,
Y a la hora del más allá
Resuene con voz grave
Al tropezar
Con el muro celestial.

IN MEMORIAM

Cum va fi vântul
În stare
Să scuture stelele
Toamna;
Cum va fi toamna
În stare
Să ofilească aștrii
În cer;
Cum va fi cerul
În stare
Să se clatine
De trecerea timpului
Și să cadă în bot;
Cum va fi timpul
În stare
Să treacă
De tot?

IN MEMORIAM

¿Cómo podrá
El viento
Sacudir las estrellas
En otoño?
¿Cómo podrá
El otoño
Marchitar los astros
En el cielo?
¿Cómo podrá
El cielo
Tambalearse
Con el paso del tiempo
Y caer de bruces?
¿Cómo podrá
El tiempo
Transcurrir
Del todo?

CERCUL

N-am cum să mă bucur de cercul
Strălucitor din jurul capului meu,
Abia dacă noaptea în vis
Îmi mai amintesc forma lui minunată
De pe vremea când mă jucam
Rostogolindu-l prin țărână cu-un băț,
Alergând să nu-l pierd
Și lovindu-l din nou
Ca să se rostogolească
Încă o dată.
În oglinzi nu se vede,
La pipăit nu se simte,
Numai ochii uimiți
Ai celorlalți îmi sunt dovadă –
Încleștat cu raze în craniu,
Mi l-aș rostogoli cu cap cu tot în țărână,
Dac-aș fi sigură că umerii mei știu să vadă.

CÍRCULO

No puedo alegrarme por la aureola
Brillante que circunda mi cabeza;
De noche y en sueños
Apenas recuerdo su espléndida forma
De los tiempos en que aún jugaba
A hacerla rodar por la tierra con un palo,
Corriendo para no perderla
Y golpeándola de nuevo
Para que rodara
Una vez más.
En los espejos no se ve,
Al tacto no se siente,
Solo los ojos asombrados de los demás
Dan fe de su existencia…
Con sus rayos clavados en mi cabeza,
La haría rodar por la tierra
Si supiera que mis hombros la verían.

ELEUSIS

Totul se termină cu spicul de grâu
Arătat mulțimii pe treptele templului
Tăinutor de orgii.
Oh, puteam să ne rostogolim
Pe lespezile reci lovite de trupurile
Încă vii, încă vii,
Încleștate de dorință și ură pe rând,
Iubind sau luptând,
Aceeași zbatere fără frâu
Care cere mai mult decât speră,
Când cine nu știe
Că totul se termină cu spicul de grâu...

ELEUSIS

Todo termina con la espiga de trigo
Que se enseña a la gente en los peldaños del templo,
Encubridor de orgías.
Oh, podríamos haber rodado
Sobre las losas frías golpeadas por los cuerpos
Aún vivos, aún vivos,
Aferrados a su vez al deseo y al odio,
Al amor y a la lucha,
A la misma pulsión sin freno
Que pide más de lo que desea,
Cuando todo el mundo sabe
Que todo termina con la espiga de trigo…

EPITAF

Aici să dormi,
În miros de hârtie
Scrisă cu greu
Și-abia pe înțeles,
Prea firav zeu din templul
Numit copilărie —
Jertfe întregi
Și sferturi de eres.

Aici să dormi,
Înmormântat în rime
Pe care nu mai poți
Să le auzi,
Sfânt fără voie
Și în întregime
Printre episcopi lași
Și îngeri cruzi.

EPITAFIO[6]

Duerme aquí,
En el olor del papel
Escrito con esfuerzo
Y apenas comprensible,
Frágil dios del templo
Llamado infancia:
Tantos sacrificios
Y tan pocos errores.

Duerme aquí,
Enterrado entre rimas
Que ya no puedes
Escuchar,
Santo sin quererlo,
Íntegro
Entre obispos cobardes
Y ángeles crueles.

---

[6] Dedicado a su padre, Gheorghe Coman (1915-1964), sacerdote que murió poco después de salir de la cárcel. Fue enterrado en Oradea donde había ejercido el sacerdocio, pero años más tarde, por expreso deseo de su madre, fue «trasladado por segunda vez» a la cripta familiar en el cementerio de Timișoara. (N. de T.).

Aici să dormi,
În pace și visând,
Apoteoza
Nu știu căror Iovi,
Trecut prin închisori
Și flăcări blând
Spre-un paradis
Din zahăr de cartofi.

Aici să dormi,
Mutat a doua oară,
Fie-ți țărâna literei ușoară.

Duerme aquí,
Soñando en paz
—Apoteosis
De no sé cuántos Jobs—,
Atravesando cárceles
Y llamas suaves
Hacia un paraíso
De caña de azúcar.

Duerme aquí,
Trasladado por segunda vez,
Que la palabra te sea leve.

PESTE VÂRFURI DE PRUN

Peste vârfuri de prun împletite de viermi,
Peste vii scuturate,
Porumbiști neculese,
O jumătate de lună
Și liniștea spartă de-un tren
Trec maiestuoase, ridicole, ca două
Detronate de mult,
De foarte de mult,
Împărătese
Care mai cred că sub ochiul lor mare
Imperii
Tresar
Și se-nalță palate…
Singurătate țesută din ierburi, și foi, și ciulini,
Sateliți și stele amestecate
În același cer uruitor
Răsturnat peste pământ brutal,
Aripi însemnate roșu-n vârf
Unor îngeri singuri, de metal.

Totuși încă greieri,
Totuși încă frunze,
Focuri mari de crengi rupte și de fân,

SOBRE LAS COPAS DE LOS CIRUELOS

Sobre las copas de los ciruelos comidas por los gusanos,
Sobre las vides sin hojas
Y los maizales sin cosechar,
La luna menguante
Y la calma interrumpida por el paso de un tren
Se ven solemnes y ridículas, como dos
Emperatrices
Destronadas hace tiempo,
Mucho tiempo,
Que aún creen que bajo su gran ojo
Tiemblan
Los imperios
Y se alzan los palacios…
Soledad tejida con hierbas, hojas y cardos,
Estrellas y satélites revueltos,
Ángeles solitarios de metal
Con las puntas de sus alas rojas
En el mismo cielo atronador
Volcado ferozmente sobre la tierra.

Sin embargo, aún los grillos,
Aún las hojas,
Grandes fuegos de ramas rotas y heno,

Vorbe nerostite,
Păsări mari de pradă
Și pământul aspru și stăpân.

Palabras sin pronunciar,
Inmensas aves de presa
Y, dueña de todo, la áspera tierra.

RESPIR, RESPIR

Respir, respir,
Cum stau cu ochii-nchiși,
Simt stelele-ascuțite prin pleoape
Scriindu-mi pe retină semne moi
Ca peștii morți pe luciul unei ape.
Se-ntâmplă ca în vis — respir, respir,
Bolta de sticlă groasă dă să crape
Când sângele luceferilor înghețat
Se umflă-n ea și nu îl mai încape;
Și-atunci lumina scârțâie prelung,
Ca un pietriș sub botul unei sape,
Și pașii tăi îndepărtându-se răsună
Cu dangăt surd de clopote sub ape
Înaintând atât de transparente
Că nu se văd — aproape, mai aproape;
Se-ntâmplă ca în vis — respir, respir
Cleștarul care vine să mă-ngroape.

RESPIRO, RESPIRO

Respiro, respiro,
Con los ojos cerrados
Siento a través de los párpados cómo las estrellas
    puntiagudas
Escriben en mi retina signos tenues
Como los peces muertos sobre el resplandor del agua.
Sucede como en un sueño: respiro, respiro,
La gran bóveda de cristal casi estalla
Cuando la sangre helada de los astros
Se ensancha y se desborda;
Y entonces la luz chirría largo rato
Como bajo la azada los guijarros,
Y tus pasos resuenan al alejarse
Como un sordo repique de campanas
Tan transparentes bajo el agua
Que no se ven: cerca, más cerca;
Sucede como en un sueño: respiro, respiro,
El cristal vendrá a enterrarme.

VOCALĂ

Așa cum cel în care bisturiul pătrunde
Nu-și cântă durerea,
Așa cum cel înjungheat pe la spate
Nu are timp să-și versifice
Revolta și moartea
Și nu reușește să scoată
Decât un A *înfundat,*
Superior în concentrare
Poemelor lumii rămase în viață,
Aș putea pur și simplu
Să strig o lungă, nestinsă vocală,
Pentru că nu știu
Ce poem
A reușit să străbată
În măruntaiele suferinței
Mai adânc decât litera A.

VOCAL

Así como aquel al que el bisturí penetra
No canta su dolor,
Así como aquel al que han apuñalado por la espalda
No tiene tiempo de versificar
Su indignación y su muerte
Y solo consigue pronunciar
Una *A* sorda,
Más intensa
Que los poemas que perviven,
Yo podría simplemente
Gritar una vocal aguda, aún no extinta,
Porque no sé
Qué poema
Ha conseguido perforar
Más profundamente
Las entrañas del sufrimiento
Que la letra *A*.

CÂT AȘ FI VRUT

Cât aș fi vrut să fie
Totul perfect ca o plantă
Pe care doar toamna târzie
Are puterea s-o stingă
Și peste care ninsoarea
Are norocul să ningă
Viața cealaltă.

Cât aș fi vrut
Să nu semănăm nimănui,
Frumoși și curați
Să nu știm lupta niciodată,
Să trecem prin lume
Străini de minciună,
De durere mirați,
Fericiți de-a ajunge-mpreună
În viața cealaltă.

Cât aș fi vrut
Să fim egali totdeauna,
Tineri mereu alunecând pe o pantă
La capătul căreia umed, adânc
Răsfrânge-se luna
În viața cealaltă.

CÓMO HUBIERA QUERIDO

Cómo hubiera querido
Que todo fuera perfecto, como una planta
Que solo el otoño tardío
Tuviera el poder de apagar
Y sobre la cual la nieve
Tuviera la suerte de posarse
En la otra vida.

Cómo hubiera querido
Que no nos pareciéramos a nadie,
Que bellos y puros
Nunca hubiéramos conocido la lucha,
Que atravesáramos el mundo
Lejos de la mentira,
Asombrados por el dolor,
Felices de alcanzar juntos
La otra vida.

Cómo hubiera querido
Que fuéramos siempre iguales,
Jóvenes resbalando sin cesar por una pendiente
Donde al final, húmeda y profunda,
Se reflejara la luna
En la otra vida.

Cât aș fi vrut.
N-am pierdut
Decât o clipă înaltă,
Destulă urii să ne împroaște
Cu moarte,
Să ne rostogolească tot mai departe
Deolaltă,
Singuri și-atât de bătrâni
Că nu ne-am putea recunoaște,
Chiar de ne-am mai întâlni
În viața cealaltă.

Cómo hubiera querido…
Solo perdimos un momento sublime,
Suficiente para que el odio nos salpicara
Con la muerte,
Nos hiciera seguir rodando
Cada vez más lejos
El uno del otro,
Solos y tan ancianos
Que no podríamos reconocernos,
Incluso si nos encontráramos
En la otra vida.

PÂNZA

Răstignită pe-o pânză de paianjen
Căreia îi admir murind țesătura,
Nu-ncerc să scap de ceea ce mi-e scris
Cu propria mea mână. Ca și ura
Poemul a țesut năvoade-n jur
Să prindă-n ele semne și cuvinte.
Învinsă astfel: un cuvânt eu însămi,
Al cărui sens nu mi-l aduc aminte.

TELARAÑA

Crucificada en una telaraña
Cuyo tejido aún muriendo soy capaz de admirar,
No intento escapar de lo que sobre mí ha escrito
El destino con mi propia mano. Como el odio,
El poema ha tejido redes a mi alrededor
Para prender signos y palabras.
Esta es mi derrota: yo misma soy ahora una palabra
Cuyo significado no puedo recordar.

REFLEX

Văzduhul e un ocean
Tulbure uneori,
Altădată curat,
Dar niciodată destul de transparent
Pentru ca ființele
Care trăiesc acolo sus
Pe plajele lui
Să ne poată zări
Prinși în mâlul adâncurilor
Și să plonjeze,
Ținându-și respirația,
Până la noi.
Dar, văzându-ne,
Nu și-ar închipui
Că se răsfrâng
Ele însele în noroi?

REFLEJO

El cielo es un océano
A veces turbio,
Otras veces claro,
Pero nunca tan transparente
Como para que los seres
Que viven en sus playas,
En lo alto,
Puedan vernos
Atrapados en el limo de las profundidades
Y lanzarse
Con la respiración contenida
Hacia nosotros.
Pero al vernos,
¿No se imaginarían
Que se reflejan
Ellos mismos en el barro?

ÎN LOCUL

În locul vuitoarelor mări
Legănate senzual de furtuni
Și umflate de lună,
Ascunzând în adâncuri de-a valma
Splendori și dezastre,
Eu am ales
Punând în balanță
Această picătură de rouă
În echilibru nesigur pe-o frunză,
Unde încape soarele întreg
În lupa scurtă a privirii noastre.
Eu singură am ales,
Fericită și fără speranță.

EN LUGAR DE

En lugar de mares embravecidos,
Sensualmente mecidos por tempestades
Y henchidos por la luna,
Que amontonan en lo profundo
Esplendores y desastres,
Yo puse en la balanza
Y elegí
Esta gota de rocío que descansa
En incierto equilibrio sobre una hoja
En la que cabe el sol entero
Bajo la lupa breve de nuestra mirada.
Yo sola la elegí,
Feliz y sin ilusiones.

ALA-BALA

Doamnă toamnă, iartă-mă că te întreb,
Cum ți se par prunele putrezite în ierbi?

Doamnă țărână, ai putea să-mi răspunzi
Ce gust au sâmburii umezi, rotunzi?

Doamnă vreme, poate sunt prea curioasă,
Îți place obrazul meu prins în plasă?

Doamnă moarte, tare-aș vrea să îmi spui
Ce simți înghițind cuvinte amărui?

Doamnă veșnicie, doar o întrebare,
Sufletul meu cum ți se pare?

Doamnă înviere, ai cumva habar,
O luăm de la capăt iar?

Și, mai ales, pentru a câta oară,
Domnișoară primăvară?

TIPITÍ-TIPITÁ

Señor Otoño, una pregunta quiero hacerle:
¿Qué piensa usted de las ciruelas podridas en la hierba?

Señora Tierra, ¿me podría contar
A qué saben los húmedos y redondos huesos?

Señor Tiempo, por curiosidad, dígame:
¿Le gusta mi mejilla atrapada en su red?

Señora Muerte, me gustaría que me explique:
¿Qué es lo que siente cuando traga palabras amargas?

Señora Eternidad, una cosa inquiero:
¿Cuál es, sobre mi alma, su pensamiento?

Señora Resurrección, ¿sabe usted si acaso
Desde el principio otra vez comenzamos?

Y sobre todo: ¿cuántas veces y de cuántas maneras,
Señorita Primavera?

PLANETĂ FIERBINTE

Planetă fierbinte explorată de-un greier,
Febră cântătoare ascuțit,
Trupul meu vrăjit de sine însuși
Se ascultă fericit.

Prizonier cu lanțuri moi și foșnitoare
Și purtând cătușe încă vii de fân,
Dulce-nvins de ierburi și pe jumătate
Îngropat în cântul marelui stăpân –

Cel supus și aspru, fermentând miresme,
Inventând alcooluri, viermi și buruieni,
Gata să primească trupul meu subțire
Ca pe un știut de mult refren.

Câtă frumusețe sfântă risipită
Ca să-ascundă lumii durerosul creier
Reîntors în țărnă mândru de-a fi fost
Hăituit de-un greier…

PLANETA ARDIENTE

Planeta ardiente explorado por un grillo,
Fiebre que canta con voz aguda,
Mi cuerpo hechizado
Feliz se escucha a sí mismo.

Prisionero con cadenas susurrantes y tiernas,
Con grilletes aún vivos de heno,
Dulcemente vencido por la hierba
Y casi enterrado en la canción de su gran dueña.

Tierra áspera y dócil que fermenta perfumes
Y fabrica alcoholes, gusanos y malas hierbas,
Dispuesta a recibir mi cuerpo delgado
Como a un estribillo ya conocido.

Cuánta santa belleza desperdigada
Para ocultar al mundo la mente dolorida
Que ha vuelto a la tierra, orgullosa de haber sido
Por un grillo perseguida…

SEMNUL

Cu blana lor de păduri
Mișcată de-un tremur nervos
Colinele încă așteaptă
Un semn de sus sau de jos;

Cu ochii lor caști
Mirați de o presimțire
Căprioarele tot mai pândesc
Semnalul subțire;

Și orbi lilieci,
Și păsări în zbor,
Stau gata la semnul
Hotărâtor.

Răbdare, păduri,
Păsări oarbe, răbdare,
Mai rămâneți la pândă,
Caste căprioare.

Nu pot să plec,
N-am înțeles
Rostul întreg
Al acestui eres

SEÑAL

Con su piel de bosque,
Temblando nerviosas,
Las colinas aún esperan
Una señal de arriba o de abajo;

Con sus ojos castos,
Turbados por un presagio,
Los ciervos aún acechan
La tenue señal;

Y los murciélagos ciegos
Y las aves en vuelo
Ante la señal decisiva
Se muestran dispuestos.

Paciencia, bosques,
Paciencia, aves ciegas,
Quedaos al acecho,
Castos ciervos.

No puedo marcharme,
No entiendo
El significado pleno
De este desatino

Sortit să-l încheie un semn
Făcut fără voie de mine:
Mai dați-mi o vară, păduri,
Fiți blânde, coline.

Condenado a acabar en cuanto de mí se desprenda
Una señal hecha sin mi voluntad:
Dadme otro verano, bosques,
Colinas, apiadaos de mí.

SUNT DIMINEȚI

Sunt dimineți în care
Zeii semințelor mă recunosc,
Mă privesc cu uimire
Și-mi spun
Parcă te-am mai văzut undeva,
Eu am aceeași impresie
Dar nu-mi amintesc unde
Și ca să nu-i dezamăgesc
Le zâmbesc
Și le fac semn că da.

Azi primăvară
În palatul acela de sub pământ
În întunericul verde
Nu erai dumneata?
Se auzeau pași din când în când
Deslușit...
Iar eu, fără să-mi fi amintit,
Murmuram – da, da.

Da, eu trebuie să fi fost,
Și eu vă cunosc,
Zei mititei
Risipiți în țărână și rouă,

HAY MAÑANAS

Hay mañanas en las que los dioses de las semillas
Me reconocen,
Me miran con asombro
Y me dicen:
Creo que te he visto antes;
Tengo la misma impresión
Pero no recuerdo dónde,
Y para no decepcionarlos
Les sonrío
Y asiento con un gesto.

Aquella primavera
En aquel palacio bajo tierra
En la verde oscuridad…
¿No eras tú?
Se escuchaban pasos de vez en cuando,
Claramente…
Y yo, sin recordar,
Murmuro: Sí, sí.

Sí, debí de ser yo,
Yo también os conozco,
Dioses diminutos
Esparcidos por la tierra y el rocío,

Chiar dacă minte nu țin,
Și eu simt că vin
Dintr-o lume
În care mă închinam vouă.

O lume în care
Avusesem un rost
Și căreia o să-i cer cândva
Adăpost.

Y a pesar de que no lo recuerdo,
Yo también siento que vengo
De otro mundo
Donde os veneraba.

Un mundo donde
Yo tenía una razón de ser
Y al que algún día
Pediré refugio.

PORTRET CU CIREȘE LA URECHI

Mi se mai coc
Lângă urechi
Astăzi perechi
Mâine deloc

Cireșe dulci
Copilărești
Tu încă ești
Ca și atunci

Ușor din umeri
Când te-ndoi
Foi de trifoi
Tu încă numeri

Tu încă-mi pui
Ca alteori
Cununi de flori
Pe sub gutui

Și pe sub pruni
Pe sub caiși
Cu ochii-nchiși
Tu încă-aduni

RETRATO CON CEREZAS COMO PENDIENTES

Aún en sazón,
Bajo las sienes,
Hoy son pareja,
Mañana no,

Dulces cerezas
Adolescentes.
Tú aún pareces
El que entonces eras;

Ligero de hombros,
Te inclinas
Y aún cuentas
Hojas de trébol

Y me colocas,
Igual que ayer,
Dulces guirnaldas
Bajo los membrillos,

Bajo los ciruelos
Y los melocotoneros;
Y aún recoges
Con los ojos cerrados

Luni și cu marți
Și joi cu vineri
De anii tineri
Să mă desparți

Cireșe port
Cercei de-o oară
Ce-mi înconjoară
Obrazul mort

Și cât de straniu
Cununi de flori
Maci și bujori
Îmi stau pe craniu.

Lunes y martes,
Jueves y viernes,
Para alejarme
De mi vida joven.

Llevo cerezas,
Efímeros pendientes
Que envuelven
Mi mejilla muerta;

Extraña fiesta,
Dulces guirnaldas,
Peonías y amapolas
Sobre mi calavera.

ÍNDICE

Esta primera edición de
El ojo del grillo
se acabó de imprimir
el 21 de marzo de 2024
en Madrid.